Copyright© 2021 by Literare Books International
Todos os direitos desta edição são reservados à Literare Books International.

Presidente:
Mauricio Sita

Vice-presidente:
Alessandra Ksenhuck

Capa, diagramação e projeto gráfico:
Gabriel Uchima

Ilustrações:
Santuzza Andrade

Revisão:
Rodrigo Rainho

Diretora de projetos:
Gleide Santos

Diretora executiva:
Julyana Rosa

Diretor de marketing:
Horacio Corral

Relacionamento com o cliente:
Claudia Pires

Impressão:
Impressul

Dados Internacionais de Catalogação na Publicação (CIP)
(eDOC BRASIL, Belo Horizonte/MG)

M273v Manduca, Tatiane de Sá.
  Valida-te / Tatiane de Sá Manduca. – São Paulo, SP: Literare Books International, 2021.
  200 p. : il. ; 14 x 21 cm

  ISBN 978-65-5922-066-3

  1. Literatura de não-ficção. 2. Psicologia. I. Título.
  CDD 150

Elaborado por Maurício Amormino Júnior – CRB6/2422

Literare Books International.
Rua Antônio Augusto Covello, 472 – Vila Mariana – São Paulo, SP.
CEP 01550-060
Fone: +55 (0**11) 2659-0968
site: www.literarebooks.com.br
e-mail: literare@literarebooks.com.br

Tatiane de Sá Manduca

VALIDA - TE

Dedicatória

Agradeço a muitas pessoas que no caminhar da vida, me enriquecem de inspiração e aprendizado. Em especial, àquelas com as quais Deus me presenteou e a elas me vinculei pelos laços de cuidado e amor, estas as quais reconheço a importância como fundamentais em minha evolução; minhas amigas/comadres/irmãs. E a tantas outras pessoas que foram e ainda são encontros potentes em minha vida.

À minha linda "Nessis" que, mesmo não estando mais fisicamente presente, permanece com todo seu amor, leveza e generosidade nas minhas doces lembranças, assim como nos meus pensamentos, sentimentos e orações.

Sua ausência ainda me provoca uma enorme falta, e como citado por Adélia Prado, "O que a memória ama fica eterno" e "Quanto mais vivemos, mais eternidades criamos dentro da gente", meu amor por você permanecerá vivo pelas lembranças que juntas construímos. Obrigada por tanto.

E foi através da construção dessas "eternidades diárias" que para mim o sentido da vida foi e vai ganhando seu curso. Pelo que lembramos das pessoas e pelo que elas nos fazem sentir. Não nos limitando à recordação em si, embora ela seja de extrema preciosidade, mas sim por serem revividas hoje, e por despertarem tantos sentimentos e experiências de pertencimento reconhecimento e amor, principalmente neste exato momento em que escrevo estas palavras e você dá sentido a elas e também se recorda de pessoas que o fizeram sentir esses bons sentimentos.

A muitas pessoas que neste vai e vem da vida deixaram e deixam muito de si; muito do que são, exatamente pela maneira autêntica de viver e demonstrar afeto; aos amigos (as), pacientes, mentores, professores, supervisores e familiares;

As pessoas que, nas experiências simples da vida, como um olhar acolhedor, ou bolinho quentinho, uma caminha gostosa, ou num abraço acolhedor, e no gesto de carinho, fizeram dos momentos simples, momentos de sustentação para meu processo de validação.

À minha família, ao meu pai, mãe e irmão, pela qual tenho enorme gratidão, que me acompanha em todas as travessias do meu crescimento com seu afeto, leveza e uma boa dose de humor.

Ao meu marido e filho, que são preciosos e me enriquecem de alegria e paz. Com eles, meu coração pulsa de entusiasmo em viver a vida com maior inteireza, amor e autenticidade.

Aos meus pacientes, que confiam a mim suas palavras, encontros e experiências de vida, de dor, de amor e entrega.

A você, dedico este livro!

Passe um café, acomode-se onde você estiver e venha conversar comigo!

"Mas venha daquele jeitinho que só você pode SER!"

Meu muito obrigada!

Ah, sem açúcar e sem adoçante, por favor!

E obrigada por me deixar entrar!

Recomendações

O meu primeiro contato com a Tati de Sá Manduca aconteceu em 2019. E não foi preciso muito tempo de conversa para entender o que torna Tati uma excelente profissional: a empatia pelo outro. As formações profissionais dispensam apresentações, mas é justamente o lado humano que traz esse brilho no olhar na hora de contar cada história. Este é um livro em que, mais uma vez, ela destaca esse seu lado. Com muita delicadeza e força, Tati nos leva a refletir sobre nós mesmos e nossas próprias atitudes, por meio de diferentes relatos. Na parte 3 do livro, como filha me enxerguei em Maria, ao tentar carregar o mundo nas costas e escolher o silêncio por não querer preocupar outras pessoas com meus problemas; como jornalista, trabalhando em um veículo com a temática maternidade, me enxerguei na mãe pressionada, culpada, buscando apenas o melhor para a filha. Mas quem está certa e quem está errada? Tatiane mostra que a vida vai muito além desses dois polos e que palavras mágicas, como "eu estou com você", podem não ser a solução, mas um ótimo começo.

YULIA SERRA,
JORNALISTA, EDITORA DA PAIS & FILHOS.

VALIDA-TE

A Tati me convidou para escrever uma "recomendação" do livro dela, se eu gostasse, é claro. Li para escrever e, quando me dei conta, estava envolvidíssima!!! Parecia que ela (Tatiane) sussurrava palavras que eu precisava ouvir. E os casos? Ficção ou realidade, não importa, pois eu os chamaria de realidade compilada. Em cada caso, relatado de maneira envolvente, tem-se elementos de muitas vidas e, ao lermos sobre os outros, aprendemos sobre nós mesmos. Um livro doce e profundo de alguém que clara e generosamente quer ver seu leitor "sair" melhor do que "entrou." Como ela mesmo diz, "pegue um café, acomode-se". E prepare-se para sentir o poder de validar quem você é.

**FLAVIA GARRAFA,
ATRIZ E PSICÓLOGA.**

....

Estava em meu consultório aguardando pela pessoa que havia agendado o próximo horário. Não a conhecia e, como sempre, me preparava para o nosso encontro.

Abro a porta para recebê-la e vejo tratar-se de uma menina, uma garota, praticamente. Poderia dizer tratar-se de uma adolescente, estudante de psicologia.

— Tatiane? – perguntei curiosa.

— Sim... Tatiane Manduca – respondeu essa menina sorridente e aparentemente ansiosa.

Ela se apresentou como psicóloga e, na época, me procurava para ter supervisão na área clínica.

RECOMENDAÇÕES

Foi aí que eu pude perceber a mulher madura que estava diante de mim: a profissional séria, que trazia a angústia do medo do "não saber".

Esse medo do desconhecido e respeito pelo outro é que eu chamo de ética.

Tatiane me mostrou o quanto era sábia e ética, além de muito corajosa.

É preciso muita coragem quando se decide cuidar e se dedicar ao outro e compreender as suas angústias, num mundo onde muitos profissionais da área escondem as suas doenças dentro dos seus próprios consultórios.

Essa coragem e humildade me fascinam, e me fazem acreditar ser possível, sim, levar a Psicologia adiante e ir além das paredes seguras e protegidas de um consultório.

Eis que ela me procura agora, para ler e escrever sobre o seu primeiro livro: Valida-te.

Que honra, a meu poder, validar o fruto do trabalho dessa "menina".

"Valida-te" desvenda claramente os mistérios e armadilhas do psiquismo humano. Não, a psicologia não é coisa de louco. Louco é aquele que não sabe de si. O psicólogo é o exorcista do mundo contemporâneo, aquele que espanta os nossos demônios internos.

Tatiane ousa perguntar ao leitor:

"O que a vergonha diz sobre você?"

"Como vai a sua autoestima?"

E assim mostra que a indagação é a pauta principal de um trabalho psicoterapêutico.

"Indagar-se é um ótimo caminho para descobrir-se, provocar reflexões, destituir crenças que nos limites alteram a percepção que temos de nós mesmos." Quando ela me procurou como supervisora, buscava validar-se como profissional, validar a sua própria vida e existência. Isso é amor, dedicação, sabedoria, coragem... É ética.

E assim é Tatiane.

Parabéns pelo trabalho.

ELIZABETH MONTEIRO,
ESCRITORA, PEDAGOGA, PSICÓLOGA, PALESTRANTE.

....

Traga o cafezinho, acomode-se e venha para uma leitura que conversa com suas memórias, estimula você à autoconexão, chacoalhando e acolhendo ao mesmo tempo. Tati Manduca faz isso lindamente, porque isso faz parte dela, é assim na vida, na amizade, na clínica, nas *lives* que fazemos juntas. Neste livro, não poderia ser diferente, aqui você vai encontrar a doçura e a delicadeza de uma profissional que fala de vulnerabilidade enquanto se expõe, que discorre sobre validação enquanto caminha pela própria, e que no decorrer de cada caso possibilita ao leitor ter *insights*, ampliar sua autopercepção e, principalmente, validar-se.

CAROLINA SALES,
PSICÓLOGA, MESTRE EM PSICOLOGIA CLÍNICA.

....

RECOMENDAÇÕES

Li com muita atenção as diferentes histórias de pessoas como nós, que buscam ajuda e entendimento. Após várias situações dolorosas descritas, Tatiane Manduca, com grande sensibilidade, fala daquela pessoa para na verdade falar de todos nós.

Gostei muito do livro e o recomendo a todos.

PROF. DR. TÁKI ATHANÁSSIOS CORDÁS, COORDENADOR DA ASSIS. CLÍNICA DO INSTITUTO DE PSIQUIATRIA DO HCFMSP.

Eu já passei por isso: sentir um frio na espinha ao revelar meu olhar terapêutico sobre a vivência das pessoas que confiaram em mim. Mas eu aprendi, nesses 30 anos de profissão, que é a ousadia e a capacidade de ser vulnerável que nos libertam e nos aproximam daqueles que buscam, na leitura, um encontro verdadeiro com as suas próprias personagens. Sim, porque todos nós somos um caleidoscópio de sentimentos, pensamentos e emoções que, além de nos situar no mundo, se cristalizam em *performances* mais ou menos convincentes para nós e para os outros. Somos todos criados em um arcabouço de pressupostos científicos, econômicos, políticos, socioculturais, religiosos e morais que nos levam a atuar e a reproduzir dilemas e histórias comuns. Não fosse essa repetição de trajetórias e conflitos, pouco nos identificaríamos com tramas novelescas. E, embora estejamos todos fadados a nos reconhecer, como parte da vida ordinária, é em cada lacuna entre personagem e pessoa que o espaço terapêutico floresce. Em cada ser humano, existe um universo particular a ser descoberto, uma personagem a se despir. Valida-te é um delicioso convite para que adentremos nessa jornada interior, através do olhar de quem faz da coragem a sua ferramenta mais preciosa de trabalho. Parabéns à Tatiane, profissional sensível e de olhar afiado, por lançar ao mundo tão valioso trabalho.

ANA CANOSA,
PSICÓLOGA E TERAPEUTA SEXUAL.

....

Carl Jung dizia que é importante conhecer todas as teorias, dominar as técnicas, mas ao tocar uma alma humana, precisamos apenas ser outra alma humana. Em tempos tão acelerados como os de hoje, em que o falar atropelou o ouvir, cada vez mais nos distanciamos do que somos. Ainda bem que Tatiane Sá Manduca está aqui para nos lembrar que é acolhendo nossa história que podemos nos transformar. Com uma escuta afetuosa e uma fala precisa, que nos toca lá no fundo, ela transfere para as páginas deste livro, que acaba de nascer, uma parte importante da sua história em anos de consultório clínico com seus pacientes, e nos conta que a grande viagem desta vida é a interna, com suas dores e alegrias.

PATRICK SANTOS,
JORNALISTA E ESCRITOR.

Prefácio

Escrever sobre a clínica psicológica nunca é tarefa fácil. A complexidade em sintetizar processos longos e cheios de detalhes, assim como a dificuldade em transmitir a profundidade e os sentimentos envolvidos. Passando por questões dos aspectos técnicos e teóricos, afinal, são muitas teorias nessa área e não necessariamente elas se convergem. Chegando às questões éticas, de como escrever sobre um paciente sem fazer uma exposição demasiada, ou ainda, será que alguém ficaria à vontade em saber que suas histórias mais íntimas estão descritas em um livro? E mesmo que concordasse num primeiro momento, como fica para essa pessoa ao "se ler" em um livro, ler passagens de sua história analisadas, e aquilo que era da ordem do natural no encontro humano com um psicólogo se tornar algo técnico demais, saber que seus amores, por exemplo, têm a ver com investimento e desinvestimentos libidinais? Aproveitando esse termo técnico, qual o teor de um livro que se propõe a falar de clínica psicológica? Para quem escrever? Para acadêmico? Para os pares, ou seja, outros psicólogos? Ou melhor, seria escrever para um público leigo, que talvez a partir dessas leituras pudesse ressignificar o lugar do psicólogo em suas fantasias, deixando de ser a psicoterapia "coisa de louco", para passar a ver que se trata de um processo que acolhe pessoas comuns, do dia a dia, com dificuldades no amor, em lidar com seus afetos, com suas verdades e mentiras, enfim, que a Psicologia está ali para escutar todo tipo de sofrimento, que todo sofrimento é legítimo, não importa qual seja: onde há sofrimento, há legitimidade, e o psicólogo entra ali para escutar o tempo que for necessário, até que a pessoa possa sair desse sofrimento ou dar novos sentidos para ele. Curas rápidas, descargas emocionais, não são duráveis, tudo o que esquenta rápido esfria rápido, já dizia o micro-ondas.

E a dúvida persiste: como escrever a clínica? Para quem escrever? Perguntas que intimidam e que muitas vezes impedem excelentes profissionais da área de escrever, mas alguns topam o risco de ousar dizer, a clínica é isso que encontramos no trabalho de Tatiane, um livro que considero de precisão cirúrgica, pois, apesar dos casos serem fictícios, ou seja, são construídos pela autora, eles não são tipos caricaturais, ou longe, da realidade do dia a dia da Psicologia, como muitas vezes vemos em séries e filmes. Tatiane conseguiu, em seis casos, alcançar algumas das problemáticas mais recorrentes na clínica, sem ser caricatural e distante, e por quê? Daí chegamos num segundo ponto do livro, que é a forma que ela descreve e se coloca em cada caso. Ainda que os pacientes sejam fictícios, sua postura e colocações não são, ela simplesmente se descreve ali, ela intervém nas páginas como intervém no dia a dia, seja na

PREFÁCIO

sua clínica particular ou em seus relatos de supervisão. Ali está ela, a cada fala, a cada "café" oferecido. Tatiane sabe utilizar um elemento muito complexo na clínica, que é o afeto do psicoterapeuta. Quando falamos da dimensão afetiva em um profissional sempre corremos o risco do mais ou do menos: sejam profissionais frios e distantes, que o paciente se sente falando com as paredes, ou aqueles profissionais que vão para o outro extremo, com demasia de afetos, tanto quer fazer pelo outro que a psicoterapia se descaracteriza e vira um lugar de conselhos e orientações de vida. Mas quem o psicólogo que faz algo do tipo acha que é? E aqui a precisão cirúrgica aparece mais uma vez, como naquela frase atribuída a Che Guevara: "Há que endurecer sem perder a ternura jamais". E isso encontramos a cada página do livro, uma profissional gentil, que circula muito bem pela via afetiva, mas não deixa de colocar os limites e apontamentos necessários em uma pessoa que busca um profissional em busca de escuta, e nessa escuta de si mesmo, e também dos outros que a pessoa traz, se autorizar e se desautorizar de tantas coisas, uma travessia para uma vida mais autoral, literalmente, como o título do livro propõe: Valide-se.

O livro abre com uma história difícil, dolorida para a personagem, dolorida para os leitores e principalmente dolorida para aqueles que já viveram em suas vidas reais a agressão como forma de amor. Mas será mesmo que se trata disso, agressão como expressão de amor? Tatiane nos ajudará a responder a essa questão, mas já adianto, em Psicologia as coisas não são como parecem, pelo menos boa parte delas. Após essa primeira história, precisamos parar e tomar uma água, ou um café, parece que a autora não coloca essa perguntinha no livro à toa. É uma obra que traz passagens que precisaremos de água pra engolir e, em outros momentos, de um cafezinho, após um estado de alívio. Cafés, águas, chocolates, sorrisos discretos, lágrimas etc. serão companheiros de quem se aventurar nestas páginas.

Tatiane consegue abordar com uma capacidade de síntese ímpar problemáticas muito atuais, como vemos no caso seguinte, em que existe o desejo de não sentir nada, pessoas que não conseguem lidar de uma maneira que julguem suportável seus afetos, e acabam por buscar situações de controle emocional, sofre menos quem ama menos.

Mas nem sempre sofrer é sofrer menos, inclusive, o sofrimento pode ser algo transmitido de mãe para filha, algo tão recorrente na clínica com crianças, em que os pais muitas vezes, ao não conseguir lidar com seus conflitos emocionais, acabam colocando nos seus filhos expectativas, frustrações e tantas outras coisas que acabam criando uma confusão de limites, onde termina um e começa o outro. Como a Psicologia consegue fazer essa delimitação? É isso que a autora se propõe a fazer, cuidar de uma delas, mas não deixar a outra desamparada e sem orientação.

Quem tem tempo de ler um livro hoje em dia? Espero que muitos, mas sabemos a velocidade da vida nos tempos atuais, a sociedade da pressa! Talvez nem todos sejam apressados, mas essa é questão que passa à próxima

PREFÁCIO

paciente: pressa, seja no trabalho, seja no amor, e a mesma pressa que se interessa por alguém, se apressa em não ser abandonada, de forma muitas vezes agressiva.

Nem sempre a sessão psicoterapêutica é formada por dois, psicóloga e paciente, algumas vezes temos três: são casais. Pequenas brigas, grandes conflitos, questões conjugais diversas, e que boa parte de sua causa, ou agravamento, é a questão do "idioma" de cada um. Outro ponto que Tatiane aborda são as mudanças nos casais, dos tempos de namoro aos tempos em que se tornam pais. O que muda numa relação depois de tantas mudanças?

Por fim, um olhar, e uma escuta, sobre alguém com maior experiência de vida, uma mulher passada dos cinquenta anos que sofre por seu amor. Mas que amor é esse? Amor ao marido ou uma paixão antiga? E no meio de uma trama de um amor dividido, um inesperado sentimento de culpa.

Assim, com esses casos, Tatiane nos convida a um passeio por diversas histórias humanas, somadas a aprofundamentos na compreensão de motivações psicológicas que estão por trás de histórias de nosso dia a dia. É inevitável, ao final deste livro, meditar sobre nossos pais, nossos amigos, nossos colegas de trabalho, olhar diferente aos estranhos nas ruas e, claro, sobre nós mesmos. Um livro que aguça nossos olhos e ouvidos para nosso cotidiano comum, caminho necessário para a chegada do imperativo: valida-te!

SAULO DURSO FERREIRA - PSICANALISTA.

SUMÁRIO

PARTE 1 - DANILA

Danila, 45 anos – "o maldito carregador"...........................23

Introdução 47

Precisamos falar sobre validar-se 59

PARTE 2 - DADO

A história de Dado.. 67

Dado, 39 anos – "O garoto inseguro" 71

PARTE 3 - MARIA

Maria, 8 anos – recomendando a mãe
de Maria para a psicoterapia..93

PARTE 4 - JOANA

Joana, 25 anos – as marcas da agressão
revividas com a terapeuta 109

Acolha sua criança interior 115

Comece a olhar para dentro 123

Fuga, comparação e
o viver no piloto automático...129

O vazio, a comparação
e os nossos desejos...131

O sentimento de rejeição e
a busca por ressignificação..137

PARTE 5 - ROGÉRIO E MELISSA

Rogério e Melissa, 52 e 44 anos –
coisinhas de todo casal... 145

Relacionamento conjugal 1+1 = 3
é construção, é validação!..157

PARTE 6 - FLORA

Flora 72 anos – as cartas endereçadas a si mesma............ 167

Desapegar é ser livre...187

Valide o outro também.. 195

PARTE 1
DANILA

Danila, 45 anos – "o maldito carregador". Quinta-feira, 17:00

Recebo Danila para a sua primeira consulta, no final da tarde de uma quinta-feira.

Ela entra, me olha nos olhos e gira o olhar em torno de toda a sala.

— Seja bem-vinda, Danila.

— Obrigada, doutora.

— Foi sua irmã quem fez o agendamento para você, né?

Ela balança a cabeça, indicando que sim, ao mesmo tempo que se acomoda no sofá.

Eu me sento e continuo.

— Ela disse que era urgente – digo, em tom de interrogação.

— Ela disse?

Danila abaixa a cabeça e fica olhando para o tapete por um tempo em silêncio.

Eu continuo a olhando e aguardo seu silêncio.

Ela se ajeita e abraça uma almofada que estava ao seu lado e permanece assim.

— Aceita uma água, Danila?

— Não, obrigada.

— Um café?

VALIDA-TE

Ela me olha.

— Também não. Obrigada.

Eu continuo olhando para ela e ela reforça.

— Não quero nada, obrigada – em tom mais firme.

"Nada" – apenas escuto.

— Você quem pediu para que sua irmã agendasse, Danila?

Ela suspira, fazendo menção a um cansaço.

— Na verdade não, só comentei com ela.

Eu continuo a olhando.

— Mas sinto que preciso estar aqui.

Ela força um sorriso.

— São 50 minutos de sessão?!

Respondo de forma interessada e em tom acolhedor.

— Sim, parece muito ou pouco?

— Sei lá, nunca tive tanto tempo para mim!

Ela sorri.

— O que significa você sentir que precisa estar aqui, Danila?

— As coisas não estão boas, e depois de ontem não sei como pode ficar, eu chorei a noite toda, doutora.

— O que aconteceu ontem?

— Ah! Tudo começou por causa da merda de um carregador!

Eu a olho curiosa, convidando Danila a continuar.

Ela parece se ajeitar de modo confortável no sofá e continua.

— Vou começar pelo começo da história, para você entender.

PARTE 1 - DANILA

— Como preferir

— Então... Eu não sou daqui, por isso não conheço muito bem onde ficam as lojas onde vendem essas coisas de eletrônicos, como carregador de celular, meu marido é que conhece!

— Então, você não é daqui?

— Eu nasci no Paraná, numa cidadezinha chamada Capanema, cidade pequena. Fui criada lá, vim para cá logo depois que meu pai morreu. Viemos morar na casa da minha tia.

— Hum...

— Minha família é humilde e trabalhadora...

Ela continua.

— Minha mãe trabalhava fora e cuidava da gente e de tudo em casa, fazia de tudo para dar o que a gente precisava, não nos faltou nada.

Ela faz uma leve pausa.

"O que me pareceu se espantar com o que ouviu de si mesma."

— Não sei mais o que falar...

Aguardo em silêncio e busco Danila com meu olhar, convidando-a a continuar.

— Eu tenho duas irmãs mais novas que eu.

— Ela continua.

— Quando minha mãe trabalhava, a gente é que cuidava da casa,

— Você disse que sua mãe cuidava de tudo em casa? – pergunto, buscando melhor compreender.

— Na verdade, era eu quem cuidava da casa e das minhas irmãs menores, eu limpava, esquentava a comida, dava banho nelas.

— Você, então, que cuidou das suas irmãs?
— Sim. Elas eram minhas bonecas, mas de verdade.
Danila sorri.
— Aprendeu cedo a cuidar, e tinha tempo para brincar com as suas bonecas?
Danila desvia o olhar e olha para a janela da sala por alguns instantes, mas não responde.
— E o que você me diz da sua mãe, Danila?
— Ah, minha mãe... Sempre foi uma mulher muito forte, boa em tudo o que faz, determinada, mas por outro lado sempre foi muito brava.
— Brava como?
— Ah, tudo tinha que ser do jeito dela, quando chegava em casa tinha que estar tudo limpo. Ela era explosiva. As pessoas têm medo dela, acho que por ela ser desse jeito. Mas ela conquistou muita coisa.
— Hum...
— Conquistou muita coisa porque era desse jeito?
— Não sei.
E ela continua.
— Já o meu pai era quietão, falava pouco, sempre foi o jeitão dele meio frio, sabe?
— Frio. Como?
Ela continua.
— Tipo "bicho do mato", não falava muito, se mexia pouco dentro de casa, me lembro dele sempre sentado na cadeira da sala, não se envolvia muito com a gente. Acho que não se envolvia com ninguém!
— Não se envolvia como, Danila?

PARTE 1 - DANILA

Ela estica os braços para cima, tomando fôlego, e pensa antes de responder.

— Não me lembro muito dele, só me lembro que ele não brincava e quase nem falava comigo nem com minhas irmãs, ele ajudava meus tios nos negócios de tapeçaria, e ficava muito tempo fora de casa.

Eu não falo nada, apenas aguardo. Danila agora cruza os braços contra o peito e segue.

— Sei lá! Ele não demonstrava muito, mas do jeito dele, acho que ele gostava da gente. Ele morreu quando eu tinha vinte e dois anos.

— Acho que ele gostava da gente? – repito o que foi dito por ela.

Danila permanece em silêncio.

Eu aguardo.

— Mas ele sempre foi desse jeito – diz ela.

E continua.

— Ah, ele sempre foi muito fechado, "na dele", nunca disse "eu te amo", mas eu não tenho raiva dele, não, eu nem lembro muito dele.

— Não tenho raiva dele?

Repeti o que eu escutei dela, buscando entender, e para que "se escute" em minhas palavras.

— Por que eu teria raiva?

— Não sei. Só repeti o que você me disse.

— Mas eu não tenho mesmo raiva dele, juro para você!

Ela se mexe um pouco no sofá, ajeitando uma perna sobre a outra, parecendo se incomodar por eu repetir e ela então escutar suas próprias palavras, causando-lhe hesitação.

— Se tivesse, eu não teria problema em falar.
— Hum.

Danila fica relutante em se aprofundar no afeto que sente pelo pai, e dessa forma demonstra através da negação o medo de tornar real "a raiva sentida por ele através das palavras, algo que considerava ser difuso e perturbador em sua mente, e que a fazia se esquivar na tentativa de evitar o confronto com suas verdades internalizadas."

— E seu pai com a sua mãe? Como era a relação deles?
— Eles brigavam bastante, acho que minha mãe brigava mais com ele, do que ele com ela... na verdade, ele a ignorava e ponto.
— E o que acontecia nesses momentos?
— Ah, ela ficava ainda mais descontrolada!

Danila respira de forma ofegante.

E continua.

— Minha mãe, que era para eu ter raiva, eu não tenho. Mas isso não é o problema. Hoje nossa relação é boa, eu que cuido dela.
— Como assim "era para ter raiva". Eu não entendi.

Danila continua.

— Ela teve uma vida bem difícil, pelo que ouvi da minha tia. O pai era alcoólatra e batia na minha avó, e nela também, só sei disso, acho que por isso ela é assim bem nervosa.

Eu a aguardo continuar.

— Hoje minha mãe é bem mais calma, mas lembro que ela ficava louca, gritava, que a vizinhança toda ouvia, jogava o que tinha na mão, em quem fosse! Uma vez até foi polícia em casa.

PARTE 1 - DANILA

Ela ri e continua.

— Voava tudo em casa, jogava o que ela via pela frente! Vassoura, sapato, copo. Vish.

"Busco entender de maneira curiosa a expressão do sorriso neste momento, perguntando a ela o motivo da risada."

Danila continua.

— Por que eu estou rindo? Não sei... quando fico nervosa eu dou risada.

Retomo a pergunta feita anteriormente tentando compreender.

— Então era para ter raiva? Pergunto repetindo o que ela disse, se referindo à mãe.

— Sei lá! – diz ela.

— E o que a deixa nervosa agora?

— Nossa! Eu estou falando demais, né? Você deve se cansar de ouvir tanta coisa – comenta, esperando uma resposta minha.

— "Escutar" é a matéria-prima do meu trabalho, Danila, e eu quero ouvir você, quanto a me cansar, não, não me canso de ouvi-la.

Ela continua.

— O Delson também fica bravo comigo quando dou risada, mas acho que estou nervosa.

— Falar da sua mãe deixa você nervosa?

Ela sorri e faz um silêncio que parece a sufocar.

— Sei lá.

E continua.

— Nossa, como é lindo seu consultório! Eu também adoro plantas!

— Obrigada, Danila – respondo.
— Dá um trabalho – comenta ela.
— O que dá trabalho?
— Cuidar das plantas, não é?
— Penso que é cuidando que aprendemos a amá-las – comento.

Retomo.

— Como você se sente estando aqui, para cuidar de si e ser cuidada, Danila?

Ela parece resistir, olhando fixamente para o tapete.

"Tenho a impressão de que Danila, por assumir o cuidado desde muito cedo, não percebeu a falta que também sentia em ser cuidada."

Danila fica em silêncio.

— Danila, é compreensível você se sentir nervosa, com raiva e triste, falando sobre, como você mesma disse, "o começo da sua história". Sobre sua mãe e seu pai, seus sentimentos, suas necessidades, suas faltas emocionais; reconhecê-las ajudarão você a não fugir delas e, quem sabe, a sentir-se apropriada e merecedora para cuidar de si mesma, e se autorizar a ser cuidada, escutada e validada em seus sentimentos.

Ela volta seu olhar à minha direção e continua.

— Delson é meu marido, estamos nesse enrosco já há dezoito anos.

— Enrosco?

— Modo de falar, brincadeira!

E Danila retoma sua fala.

— Então, essas explosões dela me machucavam e me feriram várias vezes!

PARTE 1 - DANILA

Danila agora prossegue, falando da mãe.

— A minha irmã pequena se tremia toda, tadinha, mas quem apanhava era eu, e depois eu ia tranquilizá-las.

E como era isso para você?

— Elas tinham muito medo das brigas em casa.

— E você?

— Eu? Claro, eu também, mas já tinha até me acostumado! Eu as escondia toda vez que começava uma briga, tinha medo da "mãe" machucá-las também.

Danila aponta o dedo para sua boca, como se não pudesse falar sobre a marca bastante visível que tinha no rosto.

— Olha! Você está vendo esta marca na minha boca?

— Sim. O que foi isso?

— Sete pontos.

— Como foi isso, Danila?

— Não me lembro muito bem, era normal, eu vivia marcada.

— E como era para você, Danila?

— Eu não era de chorar, para não assustar minhas irmãs. Desde criança fui assim, me fechei!

— Você se fechou? De quem?

— Pode me dar uma água, por favor?

Levanto-me para pegar a água e insisto na pergunta.

— Você se fechou de quem, Danila?

— De mim mesma, ué! Eu me tranquei por anos!

— Continue, Danila, por favor.

— Eu apanhava muito, por isso vivia marcada na pele, mas não era de chorar, quando eu apanhava.

— E quando você chorava?

— Quando ela dizia que ia embora eu chorava, eu ficava desesperada, pois não queria ficar sozinha com minhas irmãs, eu corria para um armário velho na garagem e ali eu chorava sozinha, bem baixinho para ninguém me ouvir.

Eu aguardo, em silêncio.

— Ela vivia ameaçando, dizendo que ia embora de casa. Às vezes, eu nem dormia. Tinha medo de anoitecer, e ela ir embora na madrugada.

Danila respira fundo e fica paralisada, com os olhos fixos para o tapete por alguns instantes, como se estivesse controlando as lágrimas para que não escorressem.

— Eu posso compreender como é para você sentir esse medo, e desde cedo entender que é preciso esconder sua dor, como durante muito tempo você fez, como única maneira que lhe foi possível fazer, para lidar com tantas "marcas do seu passado", enquanto suportava também o medo e o desamparo de suas irmãs, que também eram os seus.

Ela coloca as mãos escondendo seu rosto e se entrega ao choro, permitindo agora que as lágrimas escorressem.

Eu ofereço a caixa de lenços.

Ela me olha.

Eu continuo.

— E você, percebendo a fragilidade daqueles que poderiam acolhê-la e acolher suas irmãs, você assumiu tantos papéis, tantas responsabilidades, mas... elas não eram as suas responsabilidades, Danila, e mesmo assim você as acolhia, antecipando as dores que elas poderiam sentir, pois talvez você as sentisse de uma maneira tão intensa que fazia isso na tentativa de poupá-las da dor.

PARTE 1 - DANILA

Danila cai no choro infantil e desesperado, e continua.
— Minha mãe era bruta, era o jeito dela. Ela me olhava com muita raiva, acho que era ódio, sabe?
— Ódio?
— Minha tia dizia que ela sofria dos nervos, ela me batia tanto... Mas também eu aprontava e não ajudava muito em casa, porque eu queria brincar, queria subir nas árvores, queria brincar de boneca de verdade!
— É compreensível que na infância você quisesse brincar, não?
— Eu me sinto tão culpada por sentir isso, doutora, às vezes fazia de propósito, deixava tudo bagunçado, mesmo sabendo que ia apanhar.
— Culpada por querer brincar como uma criança?
Danila me olha espantada.
— Mas isso já foi! Esta foi a última cicatriz, depois disso ela prometeu que jamais faria de novo, lembro dela chorando, porque se sentiu culpada. Acho que sente até hoje.
— Vocês falam sobre isso?
— Não, ela não fala nada, não. É que eu sou mãe e imagino, né?
— Então, você imagina?
— É!
Danila parece ficar incomodada com a minha pergunta, que revela mais de si do que da mãe...
— Mas hoje eu não me importo com isso, já passou, e passado é passado, não vou ficar remoendo, já foi!
— Se aconteceu no passado, ficou no passado? – repito a fala, interrogando-a.

Ela acena que sim, e volta seu olhar para baixo, buscando um ponto no tapete.

Eu aguardo, em seguida retomo.

— E como foi que isso se tornou uma cicatriz?

— A tampa da panela! Bateu aqui no meu rosto, senti o sangue escorrendo pela minha boca, jorrando "todinho" na minha blusa, achei que tinha quebrado meu dente, por pouco não acertou minha irmãzinha. Imagina, doutora, se pega nela! Tadinha da bichinha, tinha matado!

Danila permanece presa ao que acabara de dizer.

Eu aguardo alguns segundos.

— E como a tampa da panela bateu no seu rosto, Danila?

— Eu não me lembro direito.

Danila suspira e volta ao desabafo.

— Eu tinha uns nove anos, a Tui, a menor, tinha três, e a Nara, cinco.

Aguardo Danila continuar, atenta à escuta.

— Mas lembro que ela sempre dizia, depois que batia, "vocês precisam aprender, eu bato porque quero o melhor para vocês! Bato porque eu amo você, Danila! Senão, a vida vai lhe ensinar!".

Danila tampa o rosto com as mãos.

"Ofereço a ela suporte e sustentação, para que ela possa entrar em contato com suas emoções após se ouvir, se integrar e, quem sabe, se entregar ao meu cuidado.

Ela retoma.

— Eu bato porque amo vocês. Pode isso, doutora?

Ela me olha e espreme os lábios no canto direito.

PARTE 1 - DANILA

— O que significa "isso" para você, Danila?
Danila começa a chorar copiosamente.
— Desculpa.
— Não há com o que se desculpar, Danila.
— Desculpa.
Ela pega um lenço, limpa o rosto e assoa o nariz.
Por qual motivo você pede desculpas?
— Obrigada, doutora. Eu sei que não preciso me desculpar, é hábito, jeito de falar.
— Hábito se desculpar? – repito, parafraseando.
Ela permanece em silêncio, limpando as lágrimas.
— O que significa esse choro, Danila?
— Raiva.
— Hum. Algo mais?
— Medo.
— Raiva, medo do quê?
— Sabe... meu marido é assim, às vezes, descontrolado como a minha mãe.
— "Eu sinto raiva e medo o tempo todo".
— Tem raiva e medo de estar vivendo a frase "eu bato porque eu amo você", dita pela sua mãe?
Danila coloca o copo de água sobre o balcão de forma agressiva.
E continua.
— Então, doutora, eu estou aqui hoje porque ontem brigamos.
— É por isso!
Danila resiste à minha pergunta.
Eu intervenho.

— Compreendo, Danila, que talvez seja difícil para você falar sobre isso, sobre o impacto dessa fala de sua mãe, e para a atualização dessa fala pelo seu marido talvez você não esteja preparada hoje, podemos retomar isso em outro momento, se preferir.

Ela balança a cabeça, indicando que sim, e continua.

— E eu nem falei do carregador, e foi esse o motivo que me fez vir aqui.

— Tive uma briga por causa desse maldito!

— Maldito? – repito. Ela continua.

— Sim! Ele já chegou nervoso do trabalho, e eu fui falar com ele, porque eu precisava de um carregador novo, mas já tinha pedido na semana passada, e ele não me escutou!

— Você está falando de quem? – pergunto, tentando entender o ato falho.

— Do Delson, meu marido, doutora.

— O maldito é o carregador?

Eu a aguardo, tentando compreender o equívoco, dito por ela.

— Ah, sim.

Ela fica desconfortável.

— Eu já falei, irritada, gritando com ele, aí nem me lembro mais, só sei que ele pegou no meu braço com força, me sacudindo, me empurrou para o quarto, começou a gritaria, ele "me bateu" à porta e me fechou lá dentro, me deixando trancada.

— Como assim, Danila, "me bateu"? – pergunto, tentando compreender mais uma vez um possível engano dela em explicar quando relata a ação de bater à porta e

PARTE 1 - DANILA

utiliza "me bateu", o que me parecia uma tentativa de calar a agressão inconsciente, que escapava pela palavra.

Ela continua.

— É um estúpido! – fala, limpando as lágrimas com o lenço.

— Foi a primeira vez que isso aconteceu, Danila?

— Ele nunca me agrediu antes... Ele chegou a gritar, batia na mesa, me empurrava... essas coisas, mas nunca tinha encostado um dedinho em mim, como aconteceu agora.

— E o que significa agressão para você, Danila?

Ela mais uma vez resiste e continua.

— Para mim, chega! Chorei a noite toda.

— Chega do quê?

Ela suspira, olha para a janela e volta a falar.

Isso não pode acontecer mais, doutora.

E continua.

— Eu me descontrolei também, fiquei me sentindo a pior pessoa do mundo.

— E o que você sentiu, Danila?

— Medo, medo de ficar sozinha, foi culpa minha também, doutora, eu sei!

E engatou.

— Doutora, eu tenho vontade de sumir às vezes, porque brigar por causa de um maldito carregador de celular não é motivo, sabe?

— Então, qual é o motivo?

— Eu acho que estava procurando brigar com ele! Eu assumo, me irrita o jeito dele!

Eu aguardo.

"E aí quero conseguir as coisas no grito!"

Ela engole seco, escuta as palavras que acaba de repetir. Palavras repetidas quando se refere a sua mãe.

— E o que acontece, Danila?

— Nada, doutora!

— Nada?

— Ah, a gente briga!

— E quando vocês brigam, como você se sente?

Ela bufa e prossegue.

— O que eu sinto, às vezes, é que quando a gente briga, a gente está resolvendo as coisas... mas me sinto péssima depois!

Ela me olha de canto e espreme os lábios.

"O que isso quer dizer?"

Ela segue.

— Às vezes, até me sinto viva dentro de casa, porque "só Jesus na causa."

— Você se sente viva quando ele se descontrola e a agride?

Danila mostra-se irritada.

— Esse homem, às vezes, parece que morreu e alguém esqueceu de enterrar, nunca reage a nada, mas quando reage faz estrago.

E continua seu relato.

— Ele prendeu minhas mãos, me empurrou, me trancou no quarto, me ignorou por um tempo lá, mesmo eu chutando a porta, ele não se importou, disse que era para eu me acalmar, que eu parecia uma louca!

— E como você estava?

— Louca mesmo! Descontrolada.

PARTE 1 - DANILA

E continua.

— Agora já está quase tudo normal, como se nada tivesse acontecido, ele até me procurou à noite.

— Normal?

— Doutora, imagina só! Ontem à noite, eu virada para o lado, só chorava, mas tive que fazer obrigada, mesmo assim.

— Fazer, Danila?

— Sexo com ele, ué!

— Você foi obrigada a fazer, Danila? – busco entender.

— E se ele vai embora? – pergunta Danila.

Eu repito, em tom de pergunta.

— E se ele vai embora?

— Eu fico sozinha, não quero passar por isso de novo, doutora!

Como assim, não quer passar por isso de novo?

As lágrimas parecem saltar de seus olhos.

Ela continua.

— Eu sempre fui sozinha, doutora, na verdade parece até que eu continuo sozinha.

Permaneci em silêncio para que ela pudesse continuar falando, mas Danila silencia novamente, talvez como forma de se defender frente à angústia que sente em relação a esse assunto.

Ela continua.

— E ele queria, ué!

Então, para que ele não vá embora, você faz sexo com ele, é isso?

Danila permanece olhando para baixo.

— Você acredita que a relação sexual seja somente para satisfação dele, Danila? – eu pergunto.

— Sempre doutora, estou errada?
— O que você acha?
— Eu me sinto melhor quando faço, doutora.
— Você se sente melhor, sente prazer?
— Não sei o que é sentir prazer, doutora, me sentir melhor pode ser sentir prazer?
— O que você pensa sobre isso?
— Pode ser.
— Você está me dizendo que sente prazer fazendo sexo a contragosto?

Danila se espanta.

— Não doutora! Não sei.
— Pode ser uma escolha, Danila, ou uma fantasia criada por você para que possa se apropriar de seu prazer dessa maneira, mesmo que faça você sentir-se angustiada depois, teremos que compreender melhor.

Danila permanece pensativa.

Eu aguardo.

— Mas eu escolho que ele me deixe em paz! E se me deixar em paz significa eu ter que fazer sexo, seja para sentir minha paz ou sentir prazer, está errado?
— Desde que você tenha consciência disso, pode ser uma escolha, há muito a se explorar, o que uma relação sexual pode significar para cada pessoa e para o casal, além do prazer, mas penso que podemos falar mais sobre isso.

Danila permanece em silêncio.

— Por exemplo, para você, me parece que o sexo pode "também" significar segurança, e se negar a isso pode ser

PARTE 1 - DANILA

uma ameaça ao abandono, é aí que a angústia insiste em aparecer, com um custo psicológico alto demais.

Ela continua escutando.

— Quanto a sentir prazer por fazê-lo supostamente contra sua vontade, me parece mais uma maneira de forjar algo no qual você tem a necessidade de acreditar em suas próprias fantasias, que a leva a "fazer obrigada", mesmo que haja prazer no desprazer ou sinta-se bem com isso.

Danila se incomoda,

— Não sei, doutora.

Eu continuo.

— Dentre tantas apropriações que lhe cabem, você também tem direito de viver a sua sexualidade, e de dizer sim quando quiser, legitimar suas vontades, ou dizer "não" quando não quer, e não renunciar a si mesma.

— E desde quando eu posso querer? Pelo menos, ele não fica me enchendo o saco, doutora.

— Desde o momento em que você fizer essa escolha, Danila, e que validar seus desejos, que estabelecer seus limites, reconheça e legitime suas vontades por você, por respeito a si, para que você não precise abnegá-las, do contrário, esse é o verdadeiro abandono ao qual você tanto teme, o de si mesma.

Danila permanece pensativa.

— Negar isso temporariamente pode lhe proporcionar uma falsa sensação de "permanência", mas no fundo a faz sofrer.

Eu continuo.

— Ao que me parece, as histórias, as falas, as agressões se repetem aqui, essas escolhas podem ser custosas, mas

não as assumir pode lhe trazer muita angústia e sofrimento.
Ela interrompe.
Posso ir ao banheiro, doutora?
Danila atualiza para o momento presente as ameaças internalizadas de abandono, e não reconhece o valor de suas próprias vontades, tampouco o limite de seu próprio corpo, do que é seu como apropriação, e do que é do outro.
Em cada palavra dita, em cada expressão repetida, o inconsciente de Danila se atualiza, um inconsciente atemporal que não está nos fatos relatados pelo que conta. Mas sim dentro de si, no aqui e agora, e que marca cara situação contada por ela.
Ela retorna e prossegue.
— Mas, depois, ele disse que iria mudar, que me amava, mas que eu precisava mudar meu jeito também. Aí comentei com a Tui, minha irmã, que precisava de uma psicóloga para me ajudar no meu casamento, e ela ligou para a senhora.
— Eu a olho de maneira compassiva.
— Só não precisava dizer que era urgente, a Tui é exagerada!
— O que você quer mudar, Danila?
Ela me olha nos olhos demoradamente alguns instantes, e em silêncio.
— Então, doutora. Eu vim aqui pedir ajuda. Não sei o que eu faço! Se soubesse, não estaria aqui!
— E o que você deseja, Danila?
Danila engole seco e segue com seu pedido.
— A gente precisa se acertar, mas não sei como, doutora.

PARTE 1 - DANILA

Eu silencio.

Danila começa a beliscar o próprio braço, o que me leva a ver marcas em sua pele! Mas logo percebe meu olhar e esconde puxando a manga da blusa.

— Fale alguma coisa, doutora! – diz ela, parecendo desconfortável.

— É isso que você quer, Danila? Não posso desejar por você!

Ela volta a fixar os olhos no tapete.

— Sabe, doutora, já aconteceu de a gente brigar outras vezes, como eu disse, mas não desse jeito, e eu não ficava desse jeito... dessa vez, até ele me trancou no quarto!

— Você ainda se sente trancada?

Ela me olha surpresa.

— Por que, doutora?

— Você não precisa mais chorar em silêncio, para ninguém ouvir.

Ela não responde.

— Quero ouvir mais você, Danila, quero também que se escute mais.

— Sabe, doutora... Eu me sinto culpada por meu filho ver nossas brigas, mas ele prefere o pai perto, e não longe...

— Ele disse isso a você?

Danila se desconcerta um pouco.

— Ah, eu imagino, acho que sim! Todo filho quer o pai e a mãe juntos, né?

— Não sei, Danila. Você imagina?

— Parece que imagino muitas coisas...

— Danila segura com a mão esquerda seu pulso, rodando-o para os dois lados.

— Você se machucou? – pergunto.
— Machuquei tentando abrir a porta do quarto ontem.
Ela espreme os lábios e torce o pescoço para o lado.
Mantenho-me em silêncio.

Danila aprendeu desde cedo a cuidar, a proteger e amparar, deu às irmãs algo que nem sabia que ela mesma precisava, suas defesas revelam a dificuldade em entrar em contato com tantas angústias acumuladas em muitas situações de sua vida. O grito de desamparo escancarado em seu rosto, perdido no vazio do seu olhar, a agressividade impressa nas marcas de sua pele e causadas por si mesma mais parecem uma maneira de reivindicar o excesso de responsabilização e a culpa que sente e carrega frente à impotência a tudo que vivia, face a tantas agressões.

A sessão transcorre e ela continua.

— Sobre a minha maneira de amar, você está me dizendo que... ah, tá, entendi!

Ela faz uma breve pausa.

— Já escutei isso antes, doutora. Meu marido, às vezes, parece mesmo minha mãe, você diz que estou revivendo essa maneira de amar...

O telefone dela toca e ela interrompe o que estava dizendo, o que me pareceu ser um alívio para ela.

Eu apenas suspiro.

— Só um minutinho, doutora, que eu preciso atender o telefone, porque meu filho chegou da escola.

Apenas observo. Ela fala com ternura com o filho ao telefone.

— Quanto tempo falta para terminar a sessão?

PARTE 1 - DANILA

Eu olho no relógio e respondo.
— Estamos quase no fim, Danila.
Mas ela já começa a se levantar e a se explicar, ao mesmo tempo.
— Preciso ir, meu marido está me esperando há um tempão lá embaixo, vamos resolver isso logo e comprar o "bendito carregador"!
— Tudo bem, Danila.
Ela levanta e dá uns passos em direção à porta.
— Eu espero você na próxima semana, Danila.
Ela olha para trás e diz sua última frase antes de sair.
— Bonito tapete, doutora!
Eu agradeço.
— Imagino que deve dar um trabalhão limpar!
Eu a olho carinhosamente antes de fechar a porta, sorrio e digo:
— Até quinta-feira, Danila.

"Sexo exige o consentimento dos dois, se uma pessoa está ali deitada sem fazer nada porque não está pronta ou não está no clima, ou simplesmente não quer e mesmo assim a outra está fazendo sexo com seu corpo, isso não é amor, isso é estupro, a ideia de que somos tão capazes de amar, mas escolhemos ser tóxicos."

(Rupi Kaur)

Introdução

Este livro é para todas as pessoas que desejam elevar a consciência sobre si mesmas, que buscam entender como nos tornamos quem somos e como podemos ressignificar a nossa história mediante acontecimentos difíceis na vida. De que forma elas se tornam marcadas por lembranças vivas no inconsciente, que vez ou outra escapam para o presente e expressam conflitos internalizados e consequentemente defesas que geram sofrimento e repetições.

Defesas que, por sua vez, ativam nossas vulnerabilidades, como medos, fragilidades, inseguranças e resistências através de mecanismos por padrões de repetição.

Todas as nossas experiências de vida compõem nossa história e personalidade, nos constituímos delas. Entrar em contato com as mais difíceis é o início de uma travessia de autoconhecimento, para o reconhecimento de nossa maneira de sentir, pensar, se comportar e enfrentar as dificuldades no presente.

Bem como para identificar os padrões repetitivos de relacionamentos advindos de nossa bagagem emocional. Assim, quem sabe, mais despertos e conscientes, acessar e reconhecer o quanto nos cabe a possibilidade de alterar o percurso automático, que herdamos de nossos familiares, e experiências que constituem o nosso mundo interno, e trilhamos como o caminho pronto a ser percorrido.

Diante disso, podemos nos permitir ampliar a maneira de nos percebermos e enxergar o próprio entorno, nossos vínculos, relacionamentos e escolhas que fazemos, frente àquilo que nos acontece.

Além de, muitas vezes, percebermos a forma sobre como nos posicionamos, ou que nos mantêm aprisionados ao sofrimento, ou então nos liberta deles.

Diante de escolhas, fatos e situações vividas, iremos refletir sobre o que nos aconteceu, sobre as emoções registradas nos acontecimentos e maneiras de lidar com aquilo que nos acometeu e que se repetem nos dias de hoje, e como nos influenciam.

E, para isso, será preciso reconhecer a nossa história. De qual maneira aprendemos a amar, a sermos vistos, reconhecidos, pertencidos e amparados?

> "Ah, quão forte fica uma pessoa, quando se sente segura de ser amada!"
> **(Sigmund Freud)**

É através de um mergulho profundo em nós mesmos que podemos reconhecer e acessar sentimentos não reconhecidos, reprimidos. São em momentos tortuosos que nossas defesas, mecanismo responsável por nos proteger de marcas intensas registradas no inconsciente, muitas vezes nos levam a acreditar em algo, mesmo que esse algo nos faça sofrer.

PARTE 1 - DANILA

Como Danila, que no caso clínico fictício relatado nos faz pensar que de alguma maneira "precisava" acreditar que o motivo de sua briga seria o carregador de celular, tal como em tantas crenças e negações que a mantinham emocionalmente presa em ciclos repetitivos advindos de sua história que, a rigor, as defesas a distanciavam da realidade difícil de ser enfrentada.

Por exemplo, como lidar com aquilo que sentimos ou fomos suprimidos de sentir em determinadas situações.

Por que esses sentimentos insistem em aparecer em contextos variados em nossas vidas? Por que permanecemos presos em repetições do passado?

Estará a repetição a serviço de satisfazer um desejo de punição pela culpa, mantendo assim a sensação de insuficiência e a impotência, como no caso de Danila?

Meu convite é para que você considere cuidar da sua existência como uma maneira de estar no mundo mais consciente, e repensar sobre sua maneira de pensar, sobre a sua maneira de viver e confrontar os medos que, de certa forma, encobrem seus desejos.

Como enfrentar a si mesmo para viver a vida com maior conhecimento, a legitimar seus sentimentos e confrontos e a buscar a liberdade identificando suas defesas, a fim de dar mais sentido à sua vida, seus desejos e muito provavelmente à sua autenticidade.

Pretendo com os casos aqui relatados provocar o leitor a refletir sobre a autoconsciência (o que eu conheço e percebo em mim, sobre minha história e minhas experiências) como referência ativa de escolhas diárias e relacionais.

O autoconceito como ponto inicial de descoberta de si

próprio provém do conhecimento de tudo aquilo, que acreditamos sobre nós, que foi construído através de saberes, aprendido ou vivenciado. Com o autoconceito, nossas experiências, até as mais dolorosas, nos levam a refletir sobre a percepção que construímos de nós mesmos, forjadas, transmitidas ou reforçadas a respeito de nossos medos, angústias e sofrimentos.

Dessa maneira, quero que fique claro, fugir desse conhecimento tem um custo psicológico alto demais cobrado de nossa saúde mental. E trair a si mesmo é perder-se!

Quero, então, que possamos, a partir destes questionamentos, refletir sobre nossos medos, angústias, sofrimentos e desejos.

Depois, nos indagar sobre esse enfrentamento, sobre a coragem para lidar não somente com aquilo que nos acontece, mas com os porquês e o que nos mantém nos padrões repetitivos e internalizados. E a elaborar, na tentativa de interromper ciclos, com maior clareza no presente, e construir novos caminhos.

O que aprendeu sobre si, apesar dos momentos mais difíceis em sua vida?

Somos um infinito particular, como cantado por Marisa Monte, "somos pequeninos e também gigantes". Somos a necessidade de ser amados, reconhecidos e pertencidos. Somos amor e também as nossas dores, somos nossas faltas, somos raízes e asas.

Somos antagonistas e sabotadores, e quanto a esses, não simplesmente porque queremos ser, e respeitando a subjetividade de cada pessoa e vida psíquica, criamos um escudo protetor, e muitas vezes permanecemos absortos

Quem é você?
O que acredita sobre si?

em nossos medos, nos defendemos tanto de senti-los, acolhê-los, confrontá-los, nomeá-los, que nos parece até uma justificativa bastante tentadora e forçosamente "natural" nos alienarmos a eles.

Passamos então a nutrirmo-nos da culpa, da privação da desvitalização e do sofrimento.

Assim, nos esquivando e nos anestesiando desses sentimentos, somos impedidos de nos escutar e nos enxergar, para além daquilo que nos faz sofrer.

Além disso, precisamos compreender a angústia que sentimos como algo constitutivo da natureza humana, algo estrutural à condição humana, e que ainda pode se revelar como um sinal, a ser visto e visitado por nós, para o nosso próprio encontro.

Com nós mesmos!

Isto é, como humanos, somos passíveis de sentir a angústia, o vazio, a tristeza, me pergunto: em que momento nos desumanizamos, sendo cruéis no julgamento dessas emoções, não nos permitindo compreendê-las?

Será?

Será que, compreendendo a nossa história, podemos então ressignificar o filtro que utilizamos para interpretá-la?

Será que podemos ser mais acolhedores com nossas dores e nossos conflitos?

E será que as consequências da vida nos levam a perceber a realidade de tal forma a fugir ou atacar ou nos fazer manter em situações similares a que vivenciamos com a falsa sensação de conforto, impedindo o nosso confronto?

PARTE 1 - DANILA

Será que podemos nos questionar sobre o que faremos de nós a partir das experiências mais difíceis que vivemos?

Será que criamos pouca tolerância, ao lidar com o sofrimento, e exigimos nada menos do que todas as satisfações?

Será que aprenderemos que nem todas as vezes iremos triunfar e que as falhas fazem parte das experiências de quem nos tornamos?

Será que podemos compreender as faltas como algo da nossa natureza humana, ao invés de criar críticas, julgamentos e defesas em relação ao outro como maneira de projetar a nossa própria insatisfação, esperando que nos tampem tantos buraquinhos que nos faltam?

Será que desejamos tanto que os outros atendam às nossas necessidades em nossa totalidade?

Será a vida um conto de falhas, no qual temos que, apesar delas, encontrar nosso sentido próprio de viver e se reinventar?

Será que encurtamos o tempo de avaliar, pensar e refletir, e nos apressamos demais a compreender a complexidade humana de que se trata cada vida, e nos tornamos simplistas demais em análises que cabem a cada um se demorar na avaliação de sua história, de suas dores?

...Talvez, será!

E é por esse motivo que escrevo a você!

Apesar de nossas experiências mais difíceis, e por vezes traumáticas, que possamos seguir, elaborá-las e enfrentá-las.

Que possamos nos perceber com lentes apropriadas à nossa autoaceitação. Que possamos usar lentes de amplitude para a miopia existencial, quando muitas vezes nos sentimos fincados no desmerecimento e no desamor.

Confrontando-nos com aquilo que nos mantém inertes, paralisados e desvitalizados, e encorajados a viver cultivando o amor, merecimento e saúde emocional.

O caso de Danila nos orienta a refletir de maneira única. Cada um com sua própria interpretação sobre aquilo que lê!

De uma forma geral, retrata a repetição, a dissociação e negação como mecanismo de defesa que, encarregado de nos proteger, acaba por nos prejudicar, distorce a nossa percepção, nos aliena e nos influencia a emitir repetições de maneira inconsciente, nos levando ao sofrimento.

Dessa forma, muitos sentimentos, pensamentos e comportamentos podem estar dissociados, são rejeitados à nossa revelia, como por exemplo sentimentos que foram negligenciados e deslocados, que não foram vividos, e que podem estar relacionados à satisfação com o objetivo de falsificar a percepção, cumprindo a rigor com a deformação da realidade, criando assim uma realidade fantasiosa.

Tendo como referencial momentos traumáticos de nossa história, aquilo que registramos, recordamos, revivemos, ativamos e consequentemente atualizamos no presente.

Viver a raiva, o medo e tantas emoções ameaçadoras para Danila poderia ajudá-la a elaborar e a redirecionar esses afetos de maneira criativa e combativa, não a mantendo no sofrimento intenso e na repetição.

Danila nos convoca a analisar a negligência de nossas dores, nas negações de nossos sentimentos, as

PARTE 1 - DANILA

internalizações equivocadas sobre o amor, sobre amar, sobre os afetos e as crenças herdadas e construídas ao longo de nossa história.

Com a história de Danila, podemos refletir e avaliar as feridas mais marcantes em nós, além de investigar os afetos que escoam delas: as marcas de nossa trajetória, atualizadas, representadas em atitudes no nosso presente.

Podemos, como ponto de partida, compreender nossas vivências, nossos sofrimentos, nossas vulnerabilidades como algo pertencente à estrutura humana, considerando que erros, conflitos, sentimentos de angústia, tristeza, vergonha são pertencentes a nós, indivíduos. Sabendo que são parte e não totalidade de quem somos.

E, aliás, quem somos? E como nos implicamos aos nossos sofrimentos?

Existe o sentido da vida como algo pronto ou aprendemos a trilhar no caminho?

Em essência, desejo que este livro seja um despertar para a reflexão.

Um encontro tão íntimo que você possa repensar e perceber as experiências que vivemos e criamos, que embora não possam ser reconfiguradas, elas podem ser cuidadas, respeitadas, reconhecidas e, principalmente, precisam ser legitimadas.

Eu acredito que o amor se sustenta no cuidado. E, com isso, que você se sinta cuidado em cada página, em que me coloco no mundo da escrita, para dar contorno às dores como uma maneira de lhe oferecer acolhimento, reconhecimento do amor-próprio, reflexão e consciência.

Aqueles que já estão comigo há tempos, ou que passaram pela minha vida de alguma maneira, certamente irão me encontrar nesta leitura, onde retrato a minha maneira de amar, de cuidar e manifestar o amor.

Desejo com este livro que esses encontros não se restrinjam ao meu consultório, mas que circulem em forma de palavras, para além daquilo que se possa ver e alcançar.

O amor é uma potência

É impossível viver a potência do seu amor com o outro de maneira saudável sem antes descobri-lo dentro de si. Reconhecer suas verdades internas, seus sonhos, desejos e valores é também um exercício de amor-próprio, de reconhecimento de seu valor e da construção da sua autoestima.

Lidar com seus conflitos, com suas vulnerabilidades, também poderá lhe trazer a compreensão da empatia e compaixão com o outro.

A saber que esse "outro" também trava as suas próprias batalhas, tanto quanto você; ou seja: todos nós, em algum momento de nossas vidas, nos sentimos vulneráveis a não estarmos tão felizes quanto gostaríamos, a não nos sentirmos tão competentes quanto almejávamos, de não nos enxergarmos tão bonitos, não sermos tão aceitos, quistos ou amados na medida que desejamos.

E se todos passam por esses sentimentos e desejos, de maneira singular a cada um, e também por essa necessidade de aceitação, pertencimento e amor, por que nos comportamos como se isso não fosse natural à nossa constituição como pessoas ou como se não existisse?

PARTE 1 - DANILA

Por que invalidamos e não legitimamos o que sentimos conosco e na relação com o outro?

Precisamos falar sobre validar-se

Nos capítulos a seguir, compreenderemos o modo como podemos enfrentar as nossas inseguranças, crises de identidade e conflitos pessoais, considerando a validação como o reconhecimento de quem somos.

Além das nossas angústias, sentimentos de inadequação e outros tantos que nos fazem entrar em sofrimento e nos sentirmos desconhecidos e "estrangeiros" do nosso próprio jeito de ser.

Dessa maneira, para que possamos recuperar e reconhecer a nossa grandiosa singularidade e autenticidade através do conhecimento de quem somos, dos laços que tecemos com o outro, da amplitude do olhar sobre o nosso mundo interno e, na melhor das hipóteses, fazer escolhas de forma mais congruente com os nossos valores, os nossos desejos, nossos sonhos, para construir um caminho próprio de ser e estar no mundo para além das faltas e falhas que provocam nossas angústias, mas considerando-as como substrato do nosso eu.

Sem nos vulgarizarmos a acreditar na felicidade como algo pronto e condicionado a "ter" antes do "ser", mas sim como algo que ocorre nos intervalos entre os caminhos, rupturas, incompletude, e que mesmo a vida, com tantos dissabores, acontece nos detalhes, nos momentos e trocas com o outro, nas oscilações entre o amor e a dor.

Se entendermos a importância que existe na maneira de nos reconhecermos em nossa subjetividade, poderemos trilhar um caminho próprio.

Considerando também que uma pessoa impossibilitada de reconhecimento, do olhar do outro, dos afetos que a constituem desde o seu nascimento, ao decorrer de sua vida, compreenderemos o quanto sua maneira de se perceber e se sentir amada se tornará comprometida.

Nascemos dentro de um outro, e o motivo pelo qual o ser humano necessita ser reconhecido por um outro vai além dos cuidados físicos que um bebê recém-nascido exige. Esse necessita de cuidados e amor, sem isso, sua existência psíquica se torna ameaçada.

Nascemos em uma família onde já existiam conflitos, antes mesmo que chegássemos. Somos construídos e constituídos pelos modelos de relação. A psicoterapia favorece um encontro com a nossa própria trajetória singular e nos confronta a buscar meios para a reconstrução daquilo que há de desconhecido em nós, para que possamos nos reapresentar a nós mesmos.

E, mais apropriados, podemos aprender a lidar com crises e conflitos, de modo a compreender a carga emocional que nos provoca e passarmos, então, a não fugir desses sentimentos, compreendendo a angústia, ansiedade e sofrimento na tentativa de suportar e encontrar novas alternativas e maneiras para lidar com ela.

Para isso...

PARTE 1 - DANILA

Faz-se necessário identificar os momentos em que você se sente frágil, e as ameaças de desamor, abandono e desamparo se fizeram presentes em sua trajetória.

Em que momentos isso ocorre?

Se esses medos tivessem vozes, o que eles lhe diriam sobre você?

O que a vergonha diz sobre você?

Certamente, a vergonha não está associada a uma experiência de sucesso, ela está mais próxima a uma experiência de inadequação. Essas situações ou sensações de fracasso ou erro possivelmente estão associadas a uma ideia de não ser bom o suficiente para algo, podem ter raízes nas emoções internalizadas sobre uma experiência negativa, ou um ideal criado, fantasiado e inventado.

Porém ambas operam de maneira similar, inibindo as pessoas a novas experiências, acumulando justificativas supostamente apaixonantes e refinadas para se manterem no lugar, estáticas.

No entanto, ao atravessarmos a vergonha, sentimo-nos mais potentes emocionalmente, e aqui não se trata de não a sentir, mas de não deixar de enfrentá-la com todos os riscos emocionais que ela propõe.

A vergonha surge pelo medo do fracasso. Há um medo desproporcional em fracassar, muito provavelmente superior ao que você acredita sobre si, que pode estar reduzido àquilo que você faz!

Nesse caso, é preciso reforçar quem é você para além do que faz, e não colocar tudo a perder nessa dinâmica de interação "de produtividade" com o outro, na qual você possa se sentir diminuído, ainda mais se tratando de uma comparação!

É um exercício constante! Ao se comparar, não se diminua!

É importante identificar essas ameaças internas, como aqueles sentimentos que o fazem sentir-se impotente e apequenado ou suscetível à visão e à validação somente do outro em detrimento de si.

Há também a possibilidade de haver um sentimento de inquietação, por não se perceber digno de pertencimento, merecimento, de amor, de afeto ou de qualificação, pelo fato de ter se percebido rejeitado, traído, maltratado, desvalorizado ou preterido.

Que pode ter suas raízes na infância, portanto, revisitar as páginas da infância a fim de compreender os episódios em que essas sensações e sentimentos surgiram e de que maneira se reescrevem no presente é essencial. Mas não se trata somente das experiências construídas na infância, é importante considerar as experiências ao longo da vida que suscitaram esses sentimentos.

De forma geral, essas dores, sensações e sentimentos são vivenciados por muitas pessoas, e são frequentes as queixas dessa natureza em meu consultório. Pela minha experiência clínica, digo que a frequência desse sofrimento é recorrente, e está intimamente associado aos sintomas do ponto de vista psicológico dos dias atuais como presente na psicopatologia da depressão e ansiedade, ainda que haja fatores predisponentes e multifatoriais a serem considerados.

Todos nós já passamos pela amarga experiência de nos

PARTE 1 - DANILA

sentirmos fracassados, que nos traz angústia, nos aniquila, sentimo-nos incapacitados frente aos desafios.

Ninguém está imune a sentir tais sensações em algum momento, mas e quando esses sentimentos são deslocados para uma incessante necessidade de aprovação de outras pessoas, como forma de obter reconhecimento e pertencimento?

Ou quando esses sentimentos passam a ser um sofrimento recorrente? Como lidar, suportar e enfrentar tamanho desconforto e dor diante de acontecimentos que os causaram e que provocaram distorção na compreensão do seu valor?

Quando me refiro a olhar para si e compreender quem você é, isso se torna infinitamente maior do que o que faz, e diminuirá a percepção de medir seu valor, sua autoestima pelo que outros possam pensar a seu respeito de forma restritiva ao que exerce ou faz pelo outro, mas sim por quem você é como totalidade para si.

Se sua autoestima estiver somente associada ao que faz, como profissionalmente, por exemplo, ou ao que você possui, automaticamente estará mais propenso a sentir-se vulnerável, pois depositará todas as suas expectativas de validação nas coisas, ou em condições do mundo externo.

É importante perceber que as lentes utilizadas para interpretar o mundo e as relações revelam uma projeção da realidade interna, o que reforça a importância de olharmos para a maneira pela qual nos constituímos, o que aprendemos sobre o que fazemos, e isso tem relação com o olhar do outro também.

Bem como para as interpretações das experiências que obtivemos diante de determinadas situações para a forma como elas são contadas, manifestadas, compartilhadas, e os sentimentos que decorrem delas.

Você provavelmente já se deparou com situações em que depositou suas expectativas no outro de maneira constante, esperando algum reconhecimento, mas não as obteve. Certamente, sentiu-se frustrado.

PARTE 2
DADO

A história de Dado

Dado é um homem que se apresenta como tímido, diz ser fechado devido a não falar muito de sua vida pessoal, até mesmo com amigos íntimos que conhece há longa data, desde a época do colégio. Relata ter dificuldade de se vincular com pessoas de forma geral, e que seus laços sociais sempre foram restritos.

Ele afirma que sempre foi um homem sarcástico, visto pelos outros com um humor ácido, e assim ele aprendeu a lidar melhor com sua timidez desde a infância. É filho único de pais separados e, segundo ele, os pais sempre foram muito amorosos, cada um à sua maneira.

Dado diz que a separação dos pais foi um momento bastante difícil para ele, mas que foi superado ao longo do tempo conforme entendimento da maturidade. Na época, não sentiu muito a dor da separação, mas na fase adulta a dor do rompimento lhe atingiu fortemente, o que o levou a buscar pela primeira vez a psicoterapia. Fez o processo por dois anos.

Dado cursou Biologia e optou pela área de pesquisa, onde resolveu fazer mestrado e doutorado no Canadá, e conta que foi o melhor período da sua vida.

Relata que se sente acuado e desconfortável frente às mulheres, principalmente as que se mostram independentes o fragilizam mais. Ele diz que percebeu isso devido a um relacionamento com uma garota do mestrado muito inteligente, com a qual sentia-se inseguro e com a autoestima baixa, mas afirma que sempre foi assim com as garotas que se relacionou, sempre se depreciava, julgando-se com menor valor.

Embora saiba que chame atenção por onde passa pela sua aparência, diz que se sente deslocado e inseguro. Alega que possui grande preocupação em não atrapalhar as pessoas, ou evitar incomodá-las, e isso eu mesma percebi, até mesmo porque se tem previsão de chegar atrasado à consulta, avisa antes por mensagem e sempre pergunta se está incomodando categoricamente antes de falar o que precisa.

Dado, desde muito cedo, foi incentivado a buscar sua autonomia, mesmo que não tivesse idade para tal. Vindo de uma família de judeus, começou a trabalhar desde os nove anos, na mercearia de sua mãe.

Conquistou seu próprio dinheiro desde muito cedo. Atualmente, mora sozinho e se mostra insatisfeito com seu trabalho atual, é biólogo e, embora tenha estudado fora e se especializado na área com mestrado e doutorado, o qual é sua grande paixão, diz não se sentir ainda preparado para trabalhar em sua área e deixar os negócios da família.

Ele me procura devido a problemas de relacionamento com mulheres. Diz que, embora sinta vontade de um relacionamento sério, possui uma dificuldade enorme em manter relações estáveis e se vincular a uma só pessoa.

PARTE 2 - DADO

Dado tem a vida sexual ativa, apresenta-se como um rapaz tímido para as mulheres, e pelo fato de se comportar dessa maneira, diz que desperta a voracidade das mulheres para tomarem a frente e manifestarem seus desejos, e que não precisa de muito esforço para conquistá-las. Fala em tom de "brincadeira" que seu lema sempre foi: "Pego, mas não me apego!".

Que a meu ver, essa frase "pego, mas não me apego" parecia uma necessidade tão grande de negar, que mais implicaria um comprometimento com aquilo que ele tanto nega!

"Pego, mas não me apego". Assim, eu o escutava na negação do sentido diferente do que ele propunha originalmente, como se em algum nível reconhecesse algo de si, em forma de rejeição que se repetia através da expressão idiomática.

Dado sempre evitou relacionamentos de compromisso por motivos distintos, ora porque era muito novo para casar-se, ora dizia que não tinha tempo para envolvimento sério devido a compromissos com trabalho, ora porque não queria se prender a uma relação.

Ele me procurou, pois de um tempo para cá tem pensado o quanto poderia ser interessante compartilhar a vida com alguém; estava prestes a completar 40 anos e gostaria de ter algo mais sólido e mais estável do que as mulheres com quem saía esporadicamente. Dizia que estava cansado de sair com tantas mulheres.

Durante seus relacionamentos, namorou por duas vezes, a primeira namorada aos 23 anos, a qual diz "foi um grande amor", terminou, pois a relação sucumbiu à distância, devido a ele optar por estudar fora e ela decidir por não o acompanhar, e lá se relacionou com outra garota. A relação deles foi de aproximadamente nove meses.

A segunda namorada foi aos 35, namorou por um ano e 4 meses, e terminou, pois já não tinha mais prazer na relação a dois, tinha desejo por outras garotas e, segundo ele, por lealdade a namorada atual decidiu terminar a relação, pois já estava saindo com outra garota.

No andamento das nossas sessões, conheceu Haira. Tudo parecia ir conforme o esperado por ele até que... se apaixonou perdidamente por ela.

Dado mostra-se preocupado com o "último lance", assim denomina o que estava vivendo com Haira, segundo palavras dele, diz que se apaixonou por ela, e que tomou um pé na bunda antes mesmo de se iniciar algo, e diz não suportar o que estava sentindo, pois estava lhe causando grande ansiedade a ponto de interferir em sua vida e seus planos no trabalho, e causando sintomas psicossomáticos.

Dado, 39 anos - "O garoto inseguro".
Terça-feira, 19:00

Dado, 25ª sessão – Dado, "o garoto inseguro", encerra a sessão para que Eduardo, "mais consciente de si", retome a sessão.
— Entre, Dado,
— Com licença, Tati.
— Tudo bem?
Ele se acomoda, dá um sorrisinho irônico e responde:
— Na "*bad*".
Ele se acomoda e continua.
— Nossa, obrigado por antecipar a sessão e desculpa pela falta na semana passada.
— Conte-me, Dado, o que aconteceu?
— Ela não quer nem falar comigo, aliás, desculpe ligar no final de semana, estava muito ansioso, comecei a sentir até falta de ar, bom, isso já falei a você por telefone, né?!
Aceno com a cabeça, indicando para que ele continue.
— Vi as fotos dela no sábado, ela estava em um "*pub*" com as amigas e bateu a ansiedade, mandei uma mensagem, quando eu a vi pelas redes sociais, mas ela nem respondeu.
— Você não veio à sessão passada, Dado, conte-me o que aconteceu, até onde eu sei, vocês estavam saindo, se conhecendo, certo?

— Então, nesta semana, já iria fazer um mês que estávamos saindo, ela é muito especial, bonita, divertida, carinhosa do jeito que gosto em uma mulher, inteligente, por ela ser médica, estava sendo difícil conciliar nossos horários para nos vermos, até aí tudo bem, ficava ansioso, mas falávamos por mensagem, quando ela respondia eu ficava mais tranquilo.

— Hum.

— Estávamos até mais íntimos, mas, Tati, estranho que, sinceramente, quanto mais íntimo a gente ficava, mais parecia que eu queria me distanciar dela, mesmo assim tinha vontade de ver, de falar com ela, estranho isso, né?

— Parece estranho para você, Dado?

Eu continuo.

— Quanto mais ela se aproxima, mais você se distancia?

Dado fica paralisado e pensativo.

— Tati, é surreal isso! Mas é isso mesmo! Parece que preciso de espaço, mas é confuso ainda.

— Então, por medo da intimidade com a Haira, pelo medo da aproximação, você se distanciou dela e buscou alternativas para negar o que você está sentindo, me parece ser mais uma repetição, Dado, da sua maneira de se relacionar, mas desta vez, me parece que você se apegou!

— Eu falei para você, Tati, ela tem algo diferente que me dava medo.

Ele continua.

— Estava rolando legal, mesmo assim eu me sentia indeciso.

— Qual era sua indecisão?

— Se eu quero mesmo um relacionamento sério, Tati?

PARTE 2 - DADO

— Dado, explique melhor!

— Eu quero muito estar com ela, mas não sei se quero só estar com ela, entende?

— Mas Dado, você me disse que queria viver um relacionamento sério quando iniciamos os atendimentos, o que mudou?

— Eu ainda quero, não desisti disso, só não sei se essa é a hora.

— O que é um relacionamento sério para você?

— É dedicação, é viver junto, é construir algo junto, acho que é isso.

E ele continua.

— Tati, muita coisa aconteceu neste tempo em que estou vindo aqui, estou me tornando mais seguro com a terapia, entendo melhor o porquê de me esquivar tanto de relacionamentos, estou me conhecendo a cada dia mais, compreendendo a minha história, só acho que desta vez eu não tenho certeza se é com ela.

— Você diz que não sabe se esta é a hora, se não é a hora, quando será?

— Não me acho pronto, Tati, ainda estou entendendo tudo isso, me abrindo aos poucos.

Ele continua.

— Então, eu não sei se tem a ver com a viagem no final de semana anterior, antes de ela me dar um gelo, mas me fez muito bem essa viagem, foi incrível em tudo, e até muito romântico, não foi só o sexo, sabe, sei lá, acho que voltei até mais apaixonado e percebi que ela também gostou. Ela me falou.

— Voltou mais apaixonado?

Ele se esquiva e continua.

— Só que chegou na segunda-feira, bateu a "*bad*" em mim! Sei lá, um desespero, uma agonia, vontade de chorar, e eu dei uma sumida, não respondi para ela a semana toda.

— Como assim?

— Voltamos de viagem e na segunda ela me mandou mensagem, na terça, na quarta... me ligou, e na quinta respondi, dizendo que estava tendo problemas com os fornecedores das lojas e sem tempo para responder.

Continuei em silêncio, e ele continuou.

— Mas na segunda mesmo marquei de sair com um "contatinho" do passado, e na verdade não sei se quero me relacionar agora, estou confuso, estou mal porque quando vi a foto dela no sábado bateu tudo aquilo que falei a você.

— Dado, você me disse que voltou da viagem mais apaixonado, é isso?

— É sim, foi muito legal lá, foi muito incrível o que vivemos lá! E ficou lá!

Eu prossigo.

— E, na segunda-feira, no dia da nossa sessão, você precisou faltar, embora se sentisse ansioso, a maneira que encontrou em lidar com o que a ansiedade lhe provocava, decidiu, como você mesmo disse, marcar de sair com um "contatinho" do passado?

— Desculpe, Tati, eu até depositei o valor da sessão, não queria prejudicar seus horários.

— Tudo bem, Dado. Eu entendo que deve ter sido difícil para você se enfrentar e se ouvir neste dia, uma

PARTE 2 - DADO

vez que fugir ainda seja uma alternativa mais habitual para você.

Eu continuo.

— Lidar com essa paixão pela Haira deve ter deixado você bastante aflito, e é compreensível seu desespero.

— Você acha que isso tem a ver com a Haira? Já até marquei a psiquiatra, porque no trabalho também não está nada bem.

— O que você acha?

Dado põe as duas mãos sobre a cabeça, permanece pensativo e joga o corpo para trás.

— Eu entendo, Tati, que evitei por muito tempo a intimidade e me esquivar das relações foi uma maneira de me proteger, como já falamos aqui, tenho me conhecido a cada dia e agradeço a você por isso, mas às vezes penso que manter uma relação, talvez, não seja para mim.

— Racionalizou bem, Dado! A ponto de mais uma vez tentar "forjar" evitar sentir!

— Mas, na minha opinião, racionalizar é sinal de compreensão de que estou evoluindo nas sessões, tenho pensado muito, Tati.

Eu intervenho.

— Como também pode ser uma maneira de se proteger do seu desejo, de amortecer o impacto do medo de bancar as próprias decisões.

— Qual é o seu desejo, Dado?

— Não sentir! Ficar de boa!

— Não sentir?

— Não sentir tanto quanto sinto, Tati. Porque quando isso acontece, eu perco a cabeça, eu saio do controle, eu não me reconheço. Eu não consegui dormir esta noite pensando nela, saí a semana toda com uma mulher diferente para tentar espairecer, me distrair, mas nem assim consegui.

— Haja fôlego! – diz ele.

— E o que isso significa, Dado?

Dado fala um palavrão, coloca as mãos sobre a testa e em seguida pede desculpas.

Eu sorrio e digo:

— Tudo bem, Dado.

— E o que esse palavrão significa? Aliás, precisamos enfrentar nomeando o que está sentindo, o que você acha?

Eu me apaixonei por ela, Tati, e isso não poderia acontecer.

E ele continua.

— Mas não dá para continuar assim, Tati, preciso voltar para a realidade, já estraguei tudo mesmo, como já aconteceu outras vezes!

— O que você está querendo me dizer, Dado?

— Que estou aqui, me esforçando para mudar, mas estraguei tudo!

— Estragou tudo?

— É o que tem para hoje, né?! – diz ele, em tom de piada.

— Continue, Dado, tente não fugir desta vez.

Ele me olha e continua.

— Eu estraguei, sempre fui igual com todas. Mas, beleza, lição aprendida, não tem o que fazer!

— Tudo bem, então, se nada se tem a fazer, Dado, continue se satisfazendo com suas desculpas, até parece divertido, se não fosse uma tentativa de fugir da responsabilidade, além de se queixar.

PARTE 2 - DADO

Permaneço em silêncio, olhando para ele.

— Isso tudo vai passar e a vida segue, Tati.

Eu o olho seriamente e pergunto:

— Até quando vai abrir mão dos seus desejos, Dado, se defendendo deles com justificativas sedutoras e piadinhas para não os confrontar e anular seus sentimentos?

— Estou vindo até aqui para isso, Tati, há exatos nove meses tenho me dedicado.

— Está vindo para se convencer ou se adaptar ao sofrimento, Dado, até quando vai se enganar? A sua rota é a mesma!

— As coisas para mim precisam ter a hora certa, Tati, e eu não sinto isso agora.

— Não é a hora de bancar o desejo de viver o relacionamento que deseja, não é a hora para viver da profissão que se preparou há anos, pois seus desejos ainda continuam sustentados pelo desejo de qualquer outro, Dado, e haja medicação para lidar com tanta angústia e desespero que o paralisam.

— Bem, desta vez eu não paralisei, eu mandei mensagem no sábado, quando vi que ela estava com as amigas, mas ela nem respondeu. Se fosse antes, jamais faria isso. Agora vou ficar insistindo?

Eu continuo olhando nos olhos dele.

— Tati, eu estou mudando, é sério.

— Você não precisa me convencer disso, Dado, você precisa validar isso para você, entrar em contato com o que está acontecendo, legitimar os sentimentos que o contexto o convoca, como o medo, para que possa lidar com essas sensações e a maneira defensiva de reagir frente a isso, e saber o que pode e quer fazer com tudo que o envolve.

Dado acena que sim com a cabeça e franze a testa. Pergunto.

— Por que você acha que ela não respondeu?

Dado enche os olhos de lágrimas.

— Sei lá!

Ele continua

— É fogo! É assim mesmo! Minha sina! Igualzinho, já falei para você!

Eu continuo olhando Dado, e deixando com que entrasse em suas emoções.

— Será que é isso, Tati, vou viver sempre com essa sombra do abandono e da separação da minha mãe com meu pai?

Dado junta as mãos sobre o queixo.

— Dado, seu roteiro não está pronto, cabe a você escolher como é que você se implica nesse roteiro.

Eu continuo.

— Abandonar para não ser abandonado talvez tenha sido uma das maneiras de não lidar com a angústia e com seus medos, mas ao que me parece, não está funcionando mais, a angústia persiste!

— É, Tati, eu entendo que fiz isso, fiquei com medo de não dar certo, na segunda-feira tive até taquicardia, bateu um desespero surreal, eu queria apagar o celular dela da agenda, para não ficar olhando se ela ia me mandar mensagem, ou não.

— Entendo o medo que sente que sua história se repita, então você se coloca nela se esquivando das relações, com medo de ser abandonado, traído, trocado, e

PARTE 2 - DADO

mantendo relações superficiais por medo do abandono e do desamparo, e toda vez que você chega perto do seu desejo, encontra uma maneira de se desviar dele.

— E agora, Tati?

— Eu que pergunto, Dado.

Ele me olha fixamente e fala em voz baixa.

— Preciso enfrentar isso, preciso me enfrentar nisso.

— Dado, enquanto você acreditar que essa será sua sina, seu roteiro, você estará certo disso. Você, reconhecendo seus medos, vivendo-os e compreendendo esses episódios que fizeram e fazem você sofrer, poderá perceber que eles estão sendo atualizados hoje na dor de um possível abandono na sua relação com a Haira, então você se antecipa a ele, cria fantasias para permanecer culpado, impotente frente à situação.

Ele confirma que sim com a cabeça.

Eu continuo.

— Entendo que essa experiência, já vivida por você, provocou muito sofrimento, e continua ecoando em suas atitudes, a infância é um solo em que pisamos por toda vida, precisamos compreender nossas dores para que não nos façamos reféns delas.

Ele balança a cabeça.

— Falar sobre suas dores do abandono do passado, que sabemos que não se trata somente dessa, ajudará você a não fugir da angústia e construir outros caminhos que sejam seus, que não sejam os mesmos dos seus pais, desde que você aceite verdadeiramente olhar para ele, e não se justificar por ele.

Dado abaixa a cabeça.

Eu silencio.

Ele continua.
— Quer saber o pior?
Eu o olho interessada.
Ele sorri e continua.
— Mandei uma mensagem tão idiota, que nem eu responderia.
— O que você mandou na mensagem?
E continua.
— Mandei uma brincadeira boba, um *emoji*.
— Você me disse que mandou uma mensagem, Dado.
— É esse *emoji*, eu mandava depois que nos víamos, no dia seguinte, com uma mensagem, era uma brincadeira nossa.
— Então você tratou isso como se nada tivesse acontecido, depois de sumir?
— Foi péssimo, estou com vergonha, Tati. Nessas horas, está vendo como eu fico, pareço um menino, fico bobo!
"Sabe, como na música: sou homem maduro, mas na sua frente não sou mais que um menino."
Ele sorri.
Parece um menino, Dado – parafraseio.
E continuo.
— Dado, o homem que não atravessa o inferno de suas paixões também não as supera, essa frase dita por Jung tem relação com o que disse agora, com o enfrentamento. A paixão é isso, esse estado de arrebatamento temporário, faz parte sentir esse medo que está sentindo, devido a essa eclosão de sentimentos, mas precisa validá-lo, afinal, quem não faz "bobeiras" quando se está apaixonado?
Ele ri!

PARTE 2 - DADO

— Nossa, me apaixonar nesta idade, Tati. Dobra a sessão que vou precisar! – ele brinca.
— E tem idade certa para se apaixonar? Isso é viver!!
— Não estava na minha planilha de controle, Tati!
Eu sorrio.
Mas seria interessante transformar o *emoji* em linguagem, Dado.
Ele ri.
— Agora eu aceito um café.
Eu continuo, após servi-lo.
— Então, Dado, simbolicamente, chame aquele menino dentro de você para a conversa, acalme-o, ele deve estar aflito com tantos medos. Medos que ainda nem escutamos aqui, que não deixa o Eduardo, homem de 39 anos, aparecer, ter seus próprios desejos e bancar os riscos tal como sua própria vida. Esse menino precisa dar lugar ao adulto, para que o Eduardo possa amadurecer, se perceber, se reconhecer, enfrentar os riscos, o amor, a dor, as escolhas, as angústias.
— Acho que estou entendendo, Tati.
— Se o Dado continuar infantilizado no corpo e no mesmo discurso de um adulto, acreditando na precariedade do amor, da entrega, reféns de seus medos, e não assumir os riscos emocionais, também perderá a beleza dos processos da vida, de descobrir-se através do outro, de constituir-se através das experiências da vida. E quem sabe assim poderá assumir a responsabilidade de se descobrir, e não se recusar a viver quem se é! Acreditar nessas fantasias pode ser uma maneira de você se proteger contra suas vontades,

seus desejos, para então não lidar com a expectativa criada por você de uma relação séria, como você diz que deseja.

Dado toma o seu café e permanece sério.

— Deixe que ele pare de se esconder do abandono, da ambivalência e das incertezas da vida e assuma o seu próprio lugar de viver e dar sentido à vida, sentido único e singular que só você, Eduardo, poderá dar.

Ele fecha os olhos por alguns instantes. Permanece por cinco minutos de olhos fechados.

— Podemos começar tudo de novo, Tati?

— Como assim?

Com os olhos rasos d'água, ele continua.

— Pode me dar um abraço, como você diz, simbólico, de um menino que precisa ir embora e dar lugar a um adulto ainda cheio de medos, mas disposto a enfrentá-los e com vergonha da psicóloga mais jovem, porém orgulhoso por poder pela primeira vez chorar como um adulto?

Ele ri e chora.

Eu me emociono e dou meu abraço para abrigá-lo.

— Mais uma fantasia a ser desconstruída, mas agradeço pelo "psicóloga mais jovem".

Ele se despede.

E Eduardo retoma as sessões regularmente.

Sujeito ou assujeitado

A expectativa depositada no outro, a fim de que ele nos valide como pessoas, em nossos feitos, sentimentos e atitudes, cumpre uma tentativa frustrada de nos ludibriar com uma "suposta" segurança emocional. O que pode nos proporcionar, mesmo que temporariamente, a sensação de amor, aceitação de amparo e proteção.

Isso nos faz refletir sobre o quanto buscamos esses sentimentos externamente a fim de obter o que nos falta. Além disso, quantas vezes esperamos que o outro ou o mundo nos dê um lugar e preencha o enorme vazio que sentimos.

A partir dessa falsa sensação de preenchimento do outro, de um outro que conforme nossas idealizações está a rigor tamponando as nossas faltas, passamos, muitas vezes, a coexistir, onde o outro supostamente nos colocou, ou no lugar que esse nos concedeu, porém não necessariamente no lugar em que queremos permanecer.

Nessas horas, aliás, aceitamos migalhas de atenção, amor e afeto na tentativa de compensar a ausência da nossa responsabilidade e nos ludibriar com a falsa sensação que nos conforta, mas tão logo colheremos a tão pesada culpa, por não nos apropriarmos de nossas escolhas, nos anulando.

A luz que a Psicologia lança sobre os motivos inconscientes subjacentes a cada indivíduo, no que diz respeito aos pensamentos e às atitudes decorrentes desse vazio, será de grande contribuição para a busca do autoconhecimento.

A maneira com que o indivíduo percebe que só ele é o responsável pelo lugar que ocupa poderá seguir rumo à autorresponsabilidade em mudar de lugar, e não se conformar com aquele lugar onde foi colocado. Isso também se aplica a uma maneira de estar preso à dependência emocional, que se explica como um padrão crônico de demandas afetivas insatisfeitas, comportamentos de submissão ao outro, de inexistência.

Vez ou outra, quando cabe ao contexto terapêutico, quando recebo um paciente no meu consultório, costumo perguntar se o lugar onde ele está sentado é confortável, dando-lhe a oportunidade de perceber que, se não estiver bem acomodado, ele poderá me dizer ou buscar uma nova maneira de se acomodar, desde que pronuncie, manifeste sua insatisfação para mudança de lugar, por outro lado, claro, ele poderá compreender que nem sempre haverá essa possibilidade do ambiente se alterar para que ele se adapte ao lugar que deseja.

Enfim, viver sua autenticidade e deixar de ser aquilo que esperam de você – sem que permaneça constantemente pisando em ovos, ou à espera da aceitação de outros acompanhada do medo incessante de desaprovação – são caminhos possíveis e exercícios para a validação de ser quem você é!

Um dos pressupostos para atingir a autovalidação é aprender a silenciar a necessidade de perfeição e autocrítica, além de entender que o controle excessivo e o autojulgamento são aliados desse pensamento idealizado e fantasioso de perfeição, que causa um enorme esgotamento psíquico.

Aliás, cabe uma reflexão: será que esse pensamento e funcionamento vêm de você mesmo? Ou vêm de um padrão de exigência, o qual se manifesta pelo seu controle?

Uma das maneiras de entender o controle excessivo parte de uma premissa de que é necessário estar à frente de situações para sentir-se nutrido emocionalmente, pertencente.

Veja como uma forma de driblar o sentimento de abandono e a solidão, pois esses estados, supostamente,

PARTE 2 - DADO

não se fazem presentes quando o indivíduo se percebe no poder de controlar e dominar as situações. E por meio do controle sobre o outro, através de tentativas de "aparecer", frente ao medo de desaparecer se não tiver à frente das situações absolutamente.

Este é um pensamento paradoxo de características de um ego mais fragilizado, que se desintegra aos sinais de perda de controle e incertezas da vida.

Podemos perceber que muitas perguntas norteiam esse tema e todas elas têm o propósito de levá-lo à ampliação da consciência sobre sua história. Avalie-se, questione-se!

O ato de questionar-se é uma arte que produz o acionamento de respostas inconscientes e, conforme denominado por Sócrates, o método maiêutico (a arte de perguntar) consiste na busca da verdade dentro de cada pessoa. A partir dessa autoconsciência, conforme propõe Zaratustra (1983), é possível avaliar a própria experiência.

> "O homem deveria ser chamado de 'O Avaliador', pois só por seu próprio intermédio existe valor, e sem avaliação o âmago da existência seria vazio."
> **(Rollo May)**

Indagar-se é um ótimo caminho para descobrir-se, provocar reflexões e destituir crenças que nos limitam e alteram a percepção que temos de nós mesmos, os absolutismos, a completa convicção não nos permite um olhar de aprendizado frente às experiências da vida.

Ressentimento

O ressentimento aparece geralmente quando as pessoas se sentem vitimadas, e pode ser composto de muitos afetos que nos causam desprazer, como por exemplo a inveja, a culpa, a vergonha. O eixo principal do ressentimento é a magoa, que se alimenta e retroalimenta de uma fixação a situações e às pessoas que se sentem ou se sentiram injustiçadas, petrificadas a esse sentimento de desmerecimento, e muitas vezes pelo não estabelecimento do limite a ser colocado ao outro, ou pela fala ou ato não ter sido feito no momento a se proteger de algo e, exatamente por isso, volta ao sujeito ressentido, enrijecendo-o, sustentando-se na lembrança, por não ter tido a chance real ou fantasiosa de alguma maneira se defender ou proteger-se da pessoa que o ofendeu ou o magoou.

O ressentimento se manifesta pela mágoa não superada, por não ter sido perdoada, porém não se trata de uma incapacidade, e se mantém presente na vida, na dor da pessoa, na repetição de um afeto. Geralmente tem um caráter acusatório e pode até ser vingativo. É importante considerar que não se deixa de ter um elo com a pessoa, por se manter vinculada à pessoa que esteve na relação do agravo. O ressentido pode se manifestar de forma autoagressiva por muitas vezes, sente que o outro lhe raptou algo.

A corresponsabilidade no ressentimento seria uma saída saudável para lidar com ele, e não se sustentar nele, construindo seu próprio trajeto, de modo que leve a nos

"Nunca tenha certeza de nada, porque a sabedoria começa com a dúvida."

(Sigmund Freud)

refazer diante de acontecimentos difíceis. Friedrich Nietzsche tem uma expressão que dizia assim: "O ressentimento é uma vingança imaginária e adiada", dessa maneira, com essa lamentação se pretende que o outro sinta-se culpado ou se arrependa, sendo assim esperado que o outro ocupe esse lugar de responsabilização".

Como manifestação psíquica, ele se perdura como uma maneira de persistir por aquele que foi fruto da injustiça, de um outro não poder, por alguma razão, se defender emocionalmente do agravo no qual supostamente foi acometido.

O ressentimento e a ruminação de sentimentos ligados a experiências tristes, onde o indivíduo se percebeu em algum momento como vítima, injustiçado ou diminuído, podem estar associados a uma estrutura psíquica infantilizada de experiências anteriores de passividade e submissão; com essa estrutura psíquica infantilizada, o sujeito espera que um outro cuidador possa lhe oferecer a proteção desejada.

Dessa maneira, muitos esperam por bastante tempo o reconhecimento e a validação do outro, como promessa de responsabilidade de culpa sobre um fato que necessariamente não poderá acontecer. Assim, se coloca a responsabilidade no outro, em detrimento de lidar com situações que machucam a si próprio, o que parece fazer pouco sentido.

O problema do ressentimento é que muitas vezes ele coloca o indivíduo na posição de vítima da situação, esperando que qualquer outro o proteja, sentindo-se incapaz e criando situações apaixonantes e imaginárias para manter-se nesse lugar, de maneira submissa e passiva. Se isso traz muito sofrimento, qual o ganho, o benefício, do ressentido, então?

PARTE 2 - DADO

    Segundo Maria Rita Kelm, há o prazer em acusar e preservar o narcisismo, assegurando-se no pensamento que alguém o prejudicou, e o ressentido passa então a submeter a responsabilidade de si ao outro, tendo a ideia de não ter que se haver com a sua parcela de responsabilidade e atribuindo a culpa a qualquer pessoa, desde que não seja a si próprio.
    A autovalidação é a ponte que estabelece a ligação com a saúde física e emocional, consiste no equilíbrio e discernimento que promovem uma vida com maior clareza, inteireza, e a busca pela construção da felicidade.
    Por exemplo, na hipótese de o autoconceito ser diminuído ou distorcido por uma rejeição, um trauma ou dificuldades na vida, como uma pessoa consegue, com resiliência, enfrentar a mágoa, a decepção e a frustração? Qual é o componente fortalecedor de cada indivíduo responsável por regular essas emoções?
    Como uma pessoa, mesmo ferida, consegue sacudir a poeira, para não permitir que partículas de desmerecimento adentrem e permaneçam impregnadas na sua visão de mundo?
    Ou, então, como permitir que essa pessoa não assuma, de forma frequente, a postura de vitimização frente ao sofrimento e, consequentemente, tome para si a autorresponsabilidade e o resgate de seu valor?
    Por que algumas pessoas conseguem extrair aprendizado dessas experiências e se reinventar enquanto outras, em condições semelhantes, adoecem?
    Um dos primeiros passos para validar-se é a necessidade de reconhecer a dor, identificar esses sentimentos, a fim de

que estes sejam nomeados, elaborados e ressignificados. E não se contamine, ou seja, não carregue para as relações futuras tais emoções, afetos e comportamentos provenientes dessa amarga experiência.

Livrar-se das travas emocionais desse legado e recapturar a autoestima, autoaceitação após decepções, traumas e conflitos, só é possível à medida que entramos em contato com os afetos que escoam dessas experiências, para não viver na penumbra de sentimentos de inferioridade, incapacidade e culpa, de modo a não se fechar para as oportunidades da vida, em virtude do sentimento de insegurança que destrói a percepção de autovalor.

É imprescindível descobrir o que antecede os sentimentos, o que eles provocam, e analisar as áreas em que você precisa reavaliar-se, valorizar-se, conhecer-se, sentir, ressignificar e elaborar o significado que carrega tais desconfortos.

Assim, será possível apresentar-se novamente a si mesmo por meio dos temas desta leitura.

PARTE 3
MARIA

**Maria, 8 anos – recomendando a mãe
de Maria para a psicoterapia.
Segunda-feira, 10:00**

A mãe chega ao consultório, como quem tem uma grande acusação a fazer. Chega na frente da criança, e do corredor com andar apressado, e já dispara!
— Já adianto que nada está bem!
— Boa tarde, Célia!
— Boa tarde, Maria, entrem.
Ela se apoia no batente da porta e continua em voz alta.
— Acabei de receber outro comunicado da escola, dizendo que Maria bateu de novo em uma amiguinha.
Estendo os braços em sua direção, convidando a entrar, mas sou ignorada.
Maria desvia o olhar e abaixa a cabeça.
— Tati, posso entrar na sala? – pergunta a menina.
— Sim, me espere lá.
Maria entra e fecha a porta da sala de atendimento.
Eu convido novamente Célia a entrar na antessala, mas ela continua a falar da porta.
— Olha! Estou até tremendo de nervoso!
Célia mostra suas mãos trêmulas e continua.
— O que mais falta eu fazer? Fale para mim!

E ela continua.

— Eu já disse para ela mil vezes, já gritei, já bati e falei que terei que mudá-la de escola de novo se continuar assim...

A mãe continua o monólogo da porta.

— E adianta? Não! Adiantar falar?

— Vamos entrar e nos sentar, Célia, por favor.

Ela não entra e nem para de falar e gesticula de maneira expressiva e agressiva, e continua.

— Não aguento mais. Toda semana é uma reclamação: porque a Maria não presta atenção, porque a Maria briga com as amigas, Maria, Maria, Maria...

Eu continuo a olhando.

E a mãe prossegue.

— Acabei de buscá-la na escola, e agora tenho que suportar as mães ficarem me olhando torto na saída da escola, Tati, e a mãe do Bento do Grupo III hoje passou por mim e nem me cumprimentou.

— Tente se acalmar, Célia, podemos conversar melhor, com calma ainda esta semana, vou reservar um horário para escutar você.

Célia continua e parece não me escutar.

— Calma?

E continua.

— Se eu bem conheço, tenho certeza, que devem estar pensando "que falta de educação", que falta de limites, que falta de apanhar dessa menina!

— Falta, Célia? – repito.

— Então, o que você está me dizendo é que a Maria tem muitas faltas, é isso?

PARTE 3 - MARIA

Célia para por alguns segundos, mas logo retoma sua fala.
— Ah, Tati! Por favor!! Falta do que, se ela tem tudo?
— Célia, você já tem conflitos demais por pensar por elas, não acha?
— Não é pensar por elas, é o que acontece naquele terrível grupo de mães!
Eu apenas escuto.
— Agora nem sei se a Maria vai ser chamada para as festinhas, queria eu que Maria fosse com as outras, mas não! Ela não vai! Vai na contramão!
Eu continuo atenta e em silêncio.
— Ah, que vergonha, não tenho onde enfiar a cara! Logo, logo, você vai ver, como vão me excluir do grupo de mães!
Ela enfatiza:
— "Cê vai ver!"
— Célia, vamos nos acomodar. Entre agora, ou aguarde lá embaixo.
— "Tá" – ela responde em desacordo, mas entra na antessala.
— Tati, eu estou esgotada, dou tudo que posso!
Célia começa a chorar!
— Estou desesperada, Tati, faz a Maria entender!
— Sabe, Célia...
Ela finalmente escuta. Eu prossigo.
— Entendo que você se sinta esgotada diante de tantas demandas e, muitas vezes, sinta-se desamparada para lidar com os seus próprios conflitos do dia a dia e com a Maria.
Ela cruza os braços e fecha o semblante. Olha rapidamente para Maria, que está dentro da sala e volta a olhar para mim.

— Próprios conflitos, Tati. Se eu não sou uma boa mãe, por que isso só acontece com ela e com as menores, não? Então me fale!

— As crianças têm necessidades diferentes, Célia. E não disse que você não é uma boa mãe, talvez você esteja se cobrando demais, sendo muito exigente com você e, por consequência, com ela.

Célia vira os olhos em reprovação.

— A maioria de nós aprende, de alguma maneira, a compreender a linguagem própria dos filhos, mesmo sendo irmãos, é preciso compreender um a um, isto é, cada filho tem uma maneira própria de ser e expressar o que sente e o que se passa no seu mundo interno.

— Linguagem própria?! Não sei que idioma é esse ou, então, eu devo falar em alemão, e a Maria em chinês, não é possível – diz ela, de maneira irônica

— A Maria tem uma linguagem própria e ainda está aprendendo a transmitir o que passa dentro de si.

— Parece mesmo!

Eu continuo.

— Ela é estrangeira ainda nos próprios sentimentos, compreendê-la é um exercício e exige de nós empenho, paciência, percepção, validação, construção e intimidade com o mundo dela, só dela. Sem comparação.

Ela não me olha e se expressa de maneira contraditória a minha fala, olhando para suas unhas de maneira displicente.

Eu continuo.

— Você pode me olhar, encarar o que está acontecendo, eu estou com você, Célia.

PARTE 3 - MARIA

As lágrimas escorrem em seu rosto e ela fecha os olhos tentando contê-las.

Eu seguro em sua mão.

Célia volta o olhar para mim, e fixando no fundo dos seus olhos, seu aspecto cansado e aflito, parece ansiar por colo, por abrigo.

Parece, naquele instante, se revelar no silêncio uma criança com medo, assustada no corpo de uma mãe.

— Preciso de férias, Tati, de pausa, de tempo, de silêncio.

Célia se acalma, e o relato prossegue em tom mais baixo.

Ofereço a ela uma água e ela assente com a cabeça.

— Sem açúcar, por favor! – diz ela, em tom jocoso.

Eu a olho, e ela força um sorriso no meio das lágrimas. E continua, enquanto eu sirvo.

— Sabe, Tati, ela tem de tudo, você sabe.

— Sei do seu esforço, Célia, e vejo seu empenho.

— Não sei onde estou errando. Faço de tudo, para dar do bom e do melhor, me sacrifico para pagar a melhor escola, a terapia, o inglês, o balé, a aula particular.

Eu a escuto.

— Ela é diferente das irmãs, às vezes fica endemoniada, Deus me livre!

— Concordo! Ela é diferente das irmãs, aliás somos diferentes uns dos outros.

Ela continua.

— Ela bate e briga, e em casa só provoca as irmãs menores. Ela quer irritar!

— Você acha que ela quer irritar, Célia? Ou que está encontrando uma maneira, do jeito dela, de ser vista e de entender que espaço que ela tem na família?

— Ela quer ser vista? Mais do que vejo e faço por ela, Tati?

A mãe joga a bolsa em cima do sofá, que até então estava em seu colo.

— E quem me vê? Quem cuida de mim? – ela grita.

Eu ofereço abrigo, para que Célia possa se assegurar em um rompante de raiva, afrouxar um pouco a culpa e relatar a necessidade também de ser cuidada diante de tanta autoexigência.

Agora a mãe cai num choro descompensado e coloca as mãos sobre o peito.

Eu pego a caixa de lenço de papel e entrego a ela.

— Eu me sinto sozinha.

E ela se estende e continua.

— O pai dela também fala, as irmãs falam e ela não escuta ninguém!

— Parece que vocês estão com dificuldade de se escutar. Ninguém escuta ninguém.

Célia me olha com olhar de tristeza.

— Não!

— Você precisa de ajuda, Célia, para o bem de Maria e de si mesma.

Ela apenas olha.

— Talvez você esteja projetando na Maria mais dos seus desejos que não puderam ser realizados do que os dela. Atribuindo a ela todas as suas necessidades de falta, de perfeição, com seus excessos de atribuições a Maria.

— Então agora quem tem que fazer terapia sou eu? Mais essa, agora!

PARTE 3 - MARIA

— Você é quem me disse que gostaria de ser cuidada, Célia. Ela bufa.

— Célia, semana que vem nos falamos. Agora que se sente mais calma, preciso entrar.

Eu me levanto me despedindo dela, e Célia prossegue.

— Ah, você não sabe! Agora preciso emagrecer Maria, porque o médico pediu, acredita?

— Emagrecer Maria? – repito.

Ela balança a cabeça em sinal de afirmação.

Célia suspira. Prossigo.

— Preciso entrar agora.

Ela abaixa e levanta a cabeça, sinalizando que sim, embora demonstre ainda que precisa falar e se escutar.

Mas não somente falar por falar, Célia se ouve, sente que precisa, em meio a seus gritos, entrar em contato com a sua própria onipotência, se autoriza a entregar-se ao silêncio, tirando por alguns minutos suas armaduras emocionais.

E, naqueles minutinhos na recepção, no silêncio e na sustentação, é feito um convite, para que ela, Célia menina, possa ir além de seus gritos.

— Eu vou pensar a respeito de marcar uma consulta para mim. Obrigada, Tati.

Maria entra.

— Oi, Maria, como você está?

Olho para a Maria e tento expressar o meu acolhimento. Ela me olha com ternura, mas receosa, e permanece em silêncio.

Pega uma bonequinha na caixa lúdica e ela a toca parte

por parte, dos dedinhos das mãozinhas aos pezinhos e ao corpinho da boneca... e diz:

— Ela é tão pequena, Tati. Não consegue segurar nadinha nessas mãozinhas.

Ela sorri.

— O que ela precisa segurar, Maria?

Maria me olha por alguns instantes e responde.

— Nada, né! Só se for coisas bem pequenininhas.

Eu continuo a olhando.

Maria coloca a mãozinha da boneca na palma de sua mão e continua.

— É verdade, só quando ela crescer! Podemos brincar de outra coisa?

Olho para Maria e observo como ela se relaciona ainda com a pequena bonequinha em um movimento, onde toca, lida e cuida dela. Uma maneira de se constituir e se integrar, em tantas partes que constituem seu pequeno corpinho...

Maria carrega em suas mãozinhas tão pequenas uma bagagem que não parece ser sua! Nem cabe nelas! Está pesado demais.

Pergunto:

— Maria, o que aconteceu hoje?

A menina titubeia um pouco, levanta a cabeça devagar e fala baixinho.

— As meninas, Tati...
— Que meninas, Maria?
— As amigas da hora do recreio.
— O que tem elas, Maria?
— Elas não brincam comigo.

PARTE 3 - MARIA

— E o que você faz quando elas não brincam com você?
Ela fica em silêncio.
— Fico com raiva, triste.
E quando isso acontece, o que você faz?
Eu bati na Bia, porque ela é mandona demais, Tati.
— E o que você quer quando bate nelas, Maria?
— Que elas brinquem comigo.
Acolho Maria, e ela se encosta em mim.
— Será que bater na Bia vai fazer com que ela brinque com você?
— Não sei...
— Vamos pensar em uma outra maneira de resolver isso juntas?
— Não é culpa minha, elas não gostam de mim.
Observo.
— Elas escolhem tudo, eu nunca posso inventar uma brincadeira.
— Como assim, Maria?
— Tati, elas me deixam de fora, riem de mim! Ficam mandando eu fazer as coisas para elas.
— É sempre assim?
Ela faz beicinho e as lágrimas escorrem em seu rosto.
— É. Dizem que não sou amiga delas, que não faço parte do grupo!
— E o que você faz?
— Eu chorei dentro da sala, mas depois puxei o cabelo dela, eu não bati...
Permaneci acolhendo a pequena grande Maria, e a sessão continuou.

Naquele ambiente separado por uma parede dividida entre excessos e faltas, continuei atendendo Maria, que queria ser somente a única Maria.

E foi nesse dia que recomendei Célia para a psicoterapia com uma colega.

Maria está com dificuldade em se encontrar, em se sentir pertencida, e briga com o próprio punho pelo seu espaço, por querer qualquer coisa em próprio nome, de maneira singular, que não somente o desejo de sua mãe, de perfeição.

Quanto à Célia, segue em terapia e vez ou outra a convido para um café, às vezes ofereço um mais encorpado, tem dias que ele é coado, feito artesanalmente, em outros, recorremos ao expresso!

Mas não deixamos de tomar nosso café!

Lidar com as próprias fragilidades na criação dos filhos é o primeiro passo para lidar com sentimentos tão ambivalentes da maternidade e paternidade, como o amor, o tédio, a mansidão, a raiva, a ternura, a insegurança, a felicidade, a culpa, a idealização, a raiva, a desconstrução e o medo.

A suposta perfeição materna pode ser percebida como um alto rigor de exigência dos pais, e podemos pensar que a atitude que se desdobra desse rigor é a transmissão para a criança de que ela também não pode errar, afinal, o que é a necessidade de perfeição senão a impossibilidade de falta e falha. Mas seria cruel demais com a pequena Maria, não?

Seria!

PARTE 3 - MARIA

É muito comum que, diante de um perfeccionismo materno, os filhos se sintam incapazes de corresponder a esse padrão tão elevado de exigência ao modelo materno e paterno, dessa forma desacreditando de suas potencialidades.

Quantas vezes nós, infantilizados no corpo de adulto, temos a dificuldade em expressar com legitimidade nossos desejos? Ainda, ao invés disso, agimos contrários à nossa vontade, suprimidos aos desejos do outro?

Por necessidades não atendidas, manifestamos nossas frustrações, raiva, insegurança pelo pouco manejo que temos de reconhecer e lidar com esses sentimentos, nos eximindo da autonomia e responsabilidade.

São tantos excessos que escondem nossas faltas!

"São tantos excessos de 'prazer', que podem se tornar desprazerosos!"

Célia é zelosa. Muitas vezes, acaba errando por querer ser boa demais, perfeita demais. Ajuda demais, faz demais, planeja demais, cuida demais e se culpa demais.

Esse sentimento de culpa me parece nada menos do que uma maneira de lidar com suas próprias angústias, na pele da pequena Maria. Ao que me parece, Maria não poderá atender a todas as necessidades maternas, pois precisa lidar com as delas próprias.

O excesso de desejo da mãe pode se sobrepor à criança, roubando seu espaço para que ela mesma pense, deseje, reflita, encontre quem ela é dentro de si.

Tudo que é excesso é desequilíbrio, inclusive o que é bom.

O que nos desperta em relação ao outro tem mais de nós mesmos e das nossas dificuldades em lidar do que do outro de fato.

Reconhecer a raiz das nossas inseguranças que são projetadas é importante para que possam ser elaboradas e reparadas, dando conta delas no presente.

E se houver dificuldade na apropriação desses sentimentos, certamente estes serão depositados no outro, como idealização, dificultando o confronto de nossas fragilidades e autorresponsabilidade, nos forjando a acreditar em uma imagem criada desleal esculpida manualmente para que o outro nos atenda para nos manter em defesas egóicas e, por consequência, nos manter reféns de qualquer compromisso pelo que cabe a nós.

Essas emoções fazem eco, e são ressoadas e projetadas no outro.

Validar é reconhecer esses sentimentos, dar verdade a eles!

É sobre tratar do confronto com os sentimentos de incapacidade, além de fugas ou defesas que provocam vergonha, culpa e raiva.

Afetos e/ou emoções que, se não forem nomeados, percebidos, explorados, compreendidos e ressignificados, adoecem a alma (psique) e serão revividos e atualizados no presente na relação com outras pessoas.

O enfrentamento que proponho é um movimento de reconhecer a raiz desses sentimentos: em que momentos eles surgem?

E, através da elaboração e da coragem que, no sentido etimológico, significa ação do coração, se compreende então

PARTE 3 - MARIA

a importância do sentir, e o quanto se faz necessário ao ser humano no desenvolvimento maturacional.

Assim, considerar também que o oposto ao enfrentamento nos faz entrar num processo de conformismo, resignação e resistência.

Dessa forma, criando uma defesa infantil na maneira de lidar com conflitos em contextos, em que as emoções e atitudes infantilizadas refletem no corpo e nas atitudes do adulto e são revividas de maneira menos escancarada e mais polidas e aceitas socialmente.

Lembrando que não deixam de ser infantis e egocêntricas.

A importância em valorizar o sentir, tal como reconhecemos as emoções, entrar em contato com nossas tristezas, frustrações diárias e relacionais, nos confere a possibilidade de evoluir, pois ao fugir da angústia, uma vez ou outra ela nos atinge!

Lidar com a angústia é a maneira de não escapar do nosso próprio desejo!

Compreender nossa capacidade de avaliar e refletir é um tesouro, uma joia rara, uma dentre as coisas mais preciosas sobre como podemos ser, agir e perceber, que o que há de mais belo na existência humana é a singularidade de quem somos e de quem lutamos para ser!

Nesse sentido, proponho um conceito de autovalidação, que tem como propósito o autoconhecimento, a decisão de ressignificar a própria história, e a coragem em se enxergar nisso, lhe propondo a investigar sobre sua maneira de pensar.

Não me refiro somente ao querer, mas também a lutar contra aquilo que impede o ser humano de sentir e de querer. Como os escapismos de uma vida atribulada demais e a anestesia como escudo para não sentir e não pensar, como "ah, nada se tem a fazer".

PARTE 4
JOANA

**Joana, 25 anos – as marcas da agressão revividas com a terapeuta.
Quarta-feira, 18:00**

Joana chegou mais cedo hoje.
Aparentemente, está com um sorriso nervoso. Sorri de boca fechada e anda de um lado a outro na recepção, num ritmo agitado.

O espaço é pequeno para tanto ativismo concentrado em seus gestos: olha no relógio, olha para a bolsa, encontra o que busca e se perde no que procura.

— Pode entrar, Joana.

Ela entra.

Acomoda-se no sofá e logo diz:

— Vou desligar o celular. Senão, não terei sossego. Você sabe como é, né? Meu celular não vai parar! – em tom de intimidade.

Joana tem pressa, faz tudo rapidinho. Não pode perder tempo, vida e nem os *feeds*. Tem *e-mails* para responder desde o dia anterior, onde parou de trabalhar às 23 horas.

Diz estar sempre muito ocupada.

Ela bate na porta antes mesmo que eu a chame.

A pressa na recepção demonstrava certa agonia, parecia que algo estava fora do lugar. Parece que, com certo medo da vida, Joana busca controlá-la a todo custo.

VALIDA-TE

Senta-se, pega um chocolatinho na bandeja, abre um copo de água mineral e pede um café.

— Dois sachês de açúcar, por favor!

Eu a olho nos olhos, meu olhar busca suas palavras para a vastidão de seu desespero, palavras cristalizadas, engessadas na sua angústia.

— Aconteceu de novo, Tati!

— O que aconteceu, Joana?

— Ontem tive uma briga terrível com o Mauricio, quando vi, estava fora de mim.

E como foi?

— Fiquei com raiva, me machuquei e bati, briguei, gritei!

— Continue, Joana, por favor.

— Passou um filme na minha cabeça, uns *flashes*.

Joana pega o lencinho e continua, faz uma pausa e me olha nos olhos, me perfurando dessa vez com seu olhar.

— Conte-me o que aconteceu.

— Tudo igual, Tati, de novo, eu não tenho jeito! O jeito é dar um jeito nisso tudo.

— E qual é a maneira de dar um jeito nisso tudo?

Ela dá um murro no sofá.

— Ah, Tati, por que você insiste? Você não faz ideia de quem eu sou.

— Então me conta, quem você é?!

— Sou um monstro, eu o machuquei, Tati, hoje ele nem foi trabalhar, está todo machucado.

Eu continuo a olhando, para que ela continue a falar.

— Você fica aí sentada, olhando para mim, pensando "que merda é sua vida", estou de saco cheio de tudo!

PARTE 4 - JOANA

— Por que você quer que eu acredite que você é um monstro?

Joana derruba o café no sofá!

— Ah, que merda!

Não respondo.

— Esse copinho de isopor é um saco.

Eu pego o lenço e entrego a ela para que limpe!

— Desculpe, Tati, nem sei o que fazer.

— Ok, Joana.

Insisto.

— E por que você insiste em querer me fazer acreditar que é um monstro?

Ela me olha.

Eu continuo.

— Despertar a raiva do outro me parece ser um nutriente emocional para você, como geralmente acontece com o Mauricio.

— Você bate, explode, grita, machuca, ele agride, você se sente culpada, ele acolhe e você se sente supostamente amparada, e recomeça novamente na mesma dinâmica.

— O que você está querendo dizer, Tati?

— O que significa isso para você?

— Eu não gosto de me ver assim.

— Eu não irei reforçar sua dinâmica relacional, Joana.

— Tati, eu o amo muito, não quero perdê-lo e dou tudo para ficar com ele.

— Dar de tudo me parece algo que de alguma forma nos tira de um possível domínio de nós mesmos, e o paradoxo é que supostamente nos sentimos no controle.

Ela continua.

— Eu me entrego, sou intensa na relação, sou intensa em tudo!

— E o que você entrega quando se entrega, Joana?

— Geralmente dá nisso que deu, eu fico sentindo este vazio, espero demais das pessoas, dou de tudo.

— O que sobra de você?

— Acho que não tenho mais nada para dar, não tem mais jeito. Eu me sinto horrível, quero machucar, quero brigar, já machuquei, já me machuquei.

Aos prantos, diz:

— Não quero mais isso, Tati.

Soluça.

— Por favor, não me deixa também, Tati.

— Eu não fiz por mal. Eu não faço por mal, eu não sou essa pessoa, Tati.

Pergunto:

— Que pessoa?

— Essa que todo mundo diz que é agressiva –, diz ela.

"Joana, para se proteger do abandono, ataca. Ela se antecipa a uma possível rejeição, agride e se agride."

Mas agora não tinha mais pressa, tinha urgência de vida. Qual o legado que uma mãe deixa para seu filho, diante de tanta agressividade em sua vida e da ausência que sentia em seu abandono desde muito cedo? As marcas na pele já não são mais vistas, as marcas na alma ainda escorrem pelo rosto de Joana, no desespero do abandono, e marca o outro com violência, como expressão de sua existência.

PARTE 4 - JOANA

Qual estima lhe foi ofertada? Como percebeu o valor que tinha?

Joana terá um caminho a ser percorrido, a buscar em seu próprio nome, ser quem se é para além dos rótulos que governam suas atitudes.

O que foi transmitido a Joana como maneira de receber afeto?

Joana foi fruto de violência, abandono e rejeição desde muito cedo.

Nesta lembrança, estamos revivendo a dor, entre a experiência de uma dor tão presente e a sua fala, estabelecendo a dignidade do seu próprio sintoma em agredir os outros.

Talvez Joana ainda sinta que a sua presença se faz pela dor do outro. Talvez se ferindo, Joana sinta um alívio temporário ou o único reconhecimento de sua existência. Afinal, busca sentir algo diante do vazio e da angústia inscritos em seu inconsciente.

— Hoje, Joana, você não se contenta mais com isso.

Para cada resposta, muitas perguntas.

— Silêncio, e muita escuta.

Precisamos clarificar o entendimento das nossas fragilidades, identificando-as como antídotos contra a nossa percepção de limitação e decrescimento.

Para compreensão e confronto dos nossos medos, e a agir de forma consciente, a compreender como as nossas atitudes são fantasias e crenças daquilo que creditamos sobre nós. E, assim, perceber que as atitudes em nossos relacionamentos são paralelas às atitudes que temos com nós mesmos.

"Validar-se!" é um convite para abrirmos as portas trancadas onde residem medos, sentimentos de incapacidade, incertezas, e a decisão de buscar a chave.

Encontrá-la e abrir a porta, confrontar a raiz desses sentimentos e viver a liberdade que gravita em direção à autenticidade, à congruência com a legitimidade do que sentimos, e estarmos abertos às descobertas de quem somos, de tudo que pensamos e como nos comportamos, como nos relacionamos com a nossa verdade interna, e também ao automerecimento, aos afetos e à verdade a ser descoberta e revelada sobre nós, e o motivo de acreditarmos também naquilo que nos fez descreditar de nós.

Em decorrência da escolha desse enfrentamento, de abrir a porta e encarar as vulnerabilidades e fragilidades, assumir o papel que só cabe a cada um: a construção da própria narrativa para além daquilo que nos aconteceu.

Valide-te!

> A experiência humana vai sempre além de nossos métodos particulares de entendê-la a qualquer momento, e a melhor maneira de compreender a própria identidade é examinar sua experiência pessoal.
> **(Rollo May)**

Acolha sua criança interior

> "A criança que fui chora na estrada.
> Deixei-a ali quando vim ser quem sou.
> Mas hoje, vendo que o que sou é nada,
> Quero ir buscar quem fui onde ficou."
> **(Fernando Pessoa)**

A autovalidação circunda e abraça a infância, uma vez que, muitas vezes, ficamos presos ou intimamente ligados aos medos e à dor de acontecimentos em função dos traumas, faltas, abandonos ou lembranças de situações de difícil compreensão.

Aquelas que tendem a estar relacionadas aos nossos pais, cuidadores, figuras de ligação e apego, ou seja, pessoas com quem estabelecemos o vínculo afetivo. As raízes de nossa vida emocional mergulham na infância.

A ausência de cuidados, a rejeição, descontinuidade da parentalidade e ameaças persistentes dos pais ou cuidadores de não amar como meio de controle para a obediência ou como forma de impor limites, através de ameaças de desamor, abandono e indução de culpa à criança, poderá ser de grande dano à saúde dela.

Qualquer uma dessas experiências, que configuram bases inseguras de ligação, pode levar uma criança, um adolescente ou um adulto a viver em constante ansiedade, com medo de perder a figura de ligação e, por conseguinte, desenvolver um baixo limiar para a manifestação de vínculos afetivos, ou em paradoxo ainda aceitar relacionamentos dependentes emocionalmente e destrutivos.

Joana não tinha medo de se relacionar, tinha medo do abandono, e qualquer eminência dele a fazia se desesperar.

Pode-se afirmar que a forma com que nos vinculamos na infância guia nosso funcionamento interno quanto às percepções individuais, emoções e pensamentos.

Além de nos mostrar expectativas, que criamos quanto aos nossos relacionamentos futuros. Todavia, isso não quer dizer que o destino é irrefutável na formação de vínculos posteriores, mas sim que precisamos olhar para os registros, memórias e lembranças da nossa criança interior.

Nesta tentativa de compreender e elaborar alguns sentimentos que se estendam à vida adulta, com o propósito de compreender o amor e o afeto faltantes, e não depositar externamente na tentativa de suprir todos eles.

Se não nos propusermos a enxergar a raiz das nossas emoções, advindas do nosso modelo de vinculação, como função principal de segurança e proteção, a nossa história esbarrará, frequentemente, em ameaças internas e feridas.

Assim, dificilmente conseguiremos viver o presente de forma saudável e caminhar rumo ao desenvolvimento e à maturação pessoal. No lugar disso, ao nos fixarmos no que aconteceu, seguimos culpando nossa história e a criação pelos danos que percebemos do passado, sendo eles objetivos ou não, de modo que serão intensamente sentidos ao longo da vida.

PARTE 4 - JOANA

Marcas e registros na infância

> A criança que teve seu ego arranhado, ou seja, ferido por um pai ou professor, pode reagir de forma a não confiar em autoridade alguma no futuro. O homem que viu seu amor rejeitado por uma mulher pode relutar a se envolver emocionalmente. Este mecanismo não os protege contra quem as feriu originalmente, mas protege contra todos os demais seres humanos. A parte emocional que erguemos contra aqueles que nos feriram nos separa de todos os outros seres humanos, bem como do nosso verdadeiro eu.
> **(Maltz Maxwell, 1899)**

Proponho elucidar o sentido que atribuímos à nossa vida, à nossa história, ao enfrentamento e à superação de momentos difíceis, com a possibilidade de sempre extrairmos aprendizado.

Sendo esses momentos por vezes incapazes de serem alterados, possivelmente podemos compreender e, quem sabe, escolher a maneira que iremos responder a esses momentos no futuro, para extrair deles conhecimento sobre nós.

Essa reflexão leva-nos a entender que, enquanto ficarmos nos debatendo em nossas repetições, adotando justificativas para nos eximirmos do enfrentamento e responsabilidades, acabaremos bloqueando o crescimento e a possibilidade de reconstrução de afetos, e situações de conflitos. Além do que, fixar-se a essas sentenças não implica reconhecer as nossas defesas, e nos manteremos no lugar de vítima da situação, fazendo um esforço danado para mantermo-nos no mesmo lugar.

Às vezes fazendo tanto para cumprir o roteiro do nosso autoengano como exatamente "nada fazer"!

Ao nos conscientizarmos, podemos reconfigurar a maneira de enxergar a situação, criando a possibilidade de utilizar outros filtros, oportunizando a mudança que desejamos, dentro daquilo que se é possível.

Além disso, essa experiência permite-nos enxergar o outro de modo a diminuir os julgamentos e "até pode" nos elevar à capacidade de empatia, compreensão e resiliência.

Quando deixamos de nomear o significado dessas experiências que carregamos, tal como o reconhecimento delas, também estamos longe de assumir a de nossa responsabilidade "na desordem da qual nos queixamos", como elucidado por Freud.

Dessa forma, não só nos aprisionamos ao passado como também deixamos de pensar na construção da nossa maneira de pensar, agir e existir, e não aprendemos a ser resilientes nos processos da vida.

A Psicologia faz uso do conceito de resiliência para definir a resistência do indivíduo frente a uma situação adversa, bem como para identificar a capacidade de suportar, adaptar-se e recuperar-se nos momentos difíceis.

Essa tomada de consciência é um caminho possível para cuidar de si, transformar as circunstâncias em oportunidades para aprender sobre si, vascular o entulho emocional em que tanto nos escondemos e que não está guardado nos porões do inconsciente, está vivo presente na linguagem dos atos do presente.

PARTE 4 - JOANA

Aliás, nosso inconsciente grita, se manifesta o tempo todo de maneira atemporal, naquela fala trocada, naquela lembrança que vem à tona e você não sabe o porquê de ter se lembrado.

Não sabe que sabe! Até que seja nomeado pela linguagem.

Olhar para sua criança interior é acolhê-la, abraçá-la, é ampará-la e é reconhecer suas necessidades no presente.

A criança interior ferida ou abandonada interrompe ou dificulta o processo de individuação, singularidade, autonomia e amadurecimento.

O adulto que fica preso, fixado à dor da criança e, consequentemente, sente-se encadeado à sua própria desvalorização, dependente emocionalmente, diante do apego excessivo sente que precisa renunciar a si mesmo, aos seus desejos, para que possa ter o amor do outro, renunciando, por vezes, aos seus próprios desejos, à sua liberdade, autenticidade e autonomia na fase adulta.

O adulto ferido por traumas de infância, ou seja: todos nós, pois ninguém sai ileso desta, se não busca compreender as lembranças e os afetos que decorrem dela, permanece repetindo para o presente situações interpretadas no momento anterior, e jogadas no momento presente, torna-se enclausurado a elas.

Frente a isso, tende a apresentar comportamentos prejudiciais a si próprio e em seus vínculos afetivos, as interpretações distorcidas e consequências: insegurança, baixa autoestima, dependência afetiva, excesso de insegurança, inflexibilidade diante de pontos de vista diferentes, reações intempestivas, opiniões baseadas em suposições, retraimento, comportamento de evitação às angústias, conflitos e muitas outras que se mostram contrárias à maturidade.

É importante o reconhecimento de nossas faltas, fazer as pazes com a nossa criança interior, para que possamos lidar com as dificuldades da fase adulta. Experiências nas quais tiveram a quebra da confiabilidade, sejam elas reais ou imaginárias, ocorridas no passado, podem ser caracterizados por traumas.

> Freud não só insistiu no fato óbvio de que as raízes de nossa vida emocional mergulham na infância, como também procurou explorar de um modo sistemático a ligação entre acontecimentos dos primeiros anos de vida e a estrutura e funcionamento da personalidade adulta.
> **(John Bowlby)**

Acolha e abrace a criança interior, que anseia por sua ternura, que necessita ser amada, cuidada, protegida e amparada. Faça isso, mesmo que seja agora, cuidando de sua vida emocional, da sua relação consigo mesmo e com o outro.

Meu desejo hoje seria que todas as crianças tivessem um abraço no qual coubessem seus medos, um abraço daqueles que é abrigo, sabe?! Daqueles de esmagar!

E, dentro desse abraço, que elas pudessem ser protegidas e amparadas. Que elas pudessem falar sobre seus medos, sobre os monstros que aparecem ao final do entardecer, ou no escuro da madrugada.

PARTE 4 - JOANA

    Que tivessem uma caminha quentinha e limpinha para descansar, que tivessem um banho quentinho... e alguém que pudesse lhes ajudar a se trocar.

    Que, no adulto, essas crianças grandes pudessem perceber que, por mais simples que seja o cuidado, ele é a manifestação mais bonita do amor.

    Desejaria que todas tivessem um adulto para lhes proteger, alimentar, cuidar e amar. Queria muito que elas fossem preservadas, queria tanto que pudessem ser olhadas, escutadas, validadas quanto aos seus medos e sentimentos.

    Ah, desejaria também que neste momento elas sempre pudessem contar com alguém, que lhes mostrasse o quanto há amor no cuidado.

    Esse alguém que lhes pudesse secar as lágrimas, acolher a tristeza e aquecer o coração. Pegar nas suas mãozinhas tão pequenas, e olhar em suas carinhas tão minúsculas e lhes ensinar o caminhar, caminhando junto delas.

    Desejaria, ainda, que mesmo que não tivessem tudo isso, que ao longo de suas vidas encontrassem uma pessoa a qual fizesse esse papel e lhes desse este contorno de amor, afeto e proteção.

    Ah, que elas percebessem que são dignas de serem amadas, e que mesmo que percebessem o contrário, eu lhes diria e desejaria que reconhecessem a quantidade de amor que existe em seus mananciais de forças! E que podem esses ser revelados, vividos e compartilhados abundantemente, pois nessas fontes não há secura, não há escassez.

    E que pudessem viver o amor e sobre o amar generosamente, mesmo que não tenham sido amadas ou percebidas suficientemente.

VALIDA-TE

E que, por fim, mas não ao término que todos possam, elas, eu, tu, ele, nós, vós, eles, pelas oportunidades de recomeços da vida, elaborar lembranças reais ou imaginárias para oferecer-lhes um lugar dentro de cada um de nós, a lidar com as falhas, as faltas, as frustrações, e que, além disso, redescobrir dentre as dores, o amor está ali prontinho para ser reinaugurado e redeclarado em nós e por nós!

A criança que habita em você anseia por amor, e esse amor é estruturante e a dignifica, e a qualidade desse cuidado e reinvestimento de amor lhe permite a continuidade de ser quem você quer ser!

Independentemente do que aconteceu na sua vida, mesmo que haja feridas abertas, e até mesmo porque elas existem, permita-se dar o primeiro passo, buscar reconhecer sua história e reescrevê-la.

Comece a olhar para dentro

> "Aventurar-se causa ansiedade, mas deixar de arriscar-se é perder a si mesmo. E aventurar-se no sentido mais elevado é precisamente tomar consciência de si mesmo."
> **(Soren Kierkegaard)**

Muitas vezes, alguns questionamentos e contribuições, somados às suas respostas e aos casos ficcionais relatados, levam você a algumas reflexões importantes sobre a sua própria história.

Assim, pode-se ter uma compreensão exploratória de situações em que gritam por ser enfrentadas, reavaliadas e reorganizadas, ditas e escutadas, pois possivelmente irão levar você a um maior conhecimento de si mesmo, de suas atitudes e escolhas.

Avaliar é criar possibilidades. Você, reinventar-se, após ler este livro que preparei especialmente para que reflita e conscientize-se da importância da autovalidação, reconhecendo, compreendendo-se a partir de sua reflexão sobre a maneira que se coloca na vida e como se percebe na relação e interpretação de suas experiências.

Embora seja um convite para conhecer sua morada interior, ou seja, suas emoções e o significado atrelado a elas, essa autopercepção favorecerá e elevará o seu modo de ver a vida e influenciará, de forma mais realista e mesmos idealizada, seus relacionamentos atuais e os que ainda estão por vir.

Vou explicar como a autovalidação é importante para o desenvolvimento de uma autoconsciência emocional.

Quero que esta leitura seja complementar a um processo de psicoterapia, de modo que o leitor veja suas experiências projetadas e que, consequentemente, possa clarificar os desafios e enxergar as suas vulnerabilidades, com o objetivo de evolução pessoal a partir da autorresponsabilidade.

A forma por meio da qual interpretamos, compreendemos e evoluímos neste tema não direcionará você a um tempo cronológico de elaboração, mas sim a um tempo singular de cada indivíduo, sem atalhos e encurtamento de reflexão, e com um espaço de avaliação onde o tempo de elaboração e de sentido se manifesta por sua via única.

Quero também elucidar que a aquisição de informação é importante, mas que a experiência é ativa. Quando você experimenta, ocorre algo inusitado em seu sistema nervoso, ou seja, novos padrões neurais são registrados instantaneamente.

Anote as informações que lhe pareçam fazer sentido, que de alguma maneira fazem você refletir e que devem ser recordadas, repetidas e elaboradas frequentemente, e comece a entrar em contato com elas. Dessa forma, você poderá conhecer um pouquinho mais sobre tantas partes que constituem sua maneira de ser.

Ao escrever, atenho-me à ciência como base, a grandes contribuições de autores citados ao longo dos textos,

PARTE 4 - JOANA

às experiências de vida e aos atendimentos clínicos, institucionais e educacionais em minha carreira como psicóloga, à minha história de vida e aos casos fictícios que elucidam este tema.

Levo em consideração, aliás, meu olhar como filtro individual para cada entendimento.

O termo VALIDAÇÃO, em seu significado literal, refere-se ao ato ou efeito de tornar ou declarar algo legítimo, autêntico.

No entanto, neste livro, não contemplo somente seu significado restrito, mas a ideia de que esse termo pode abranger e contornar a forma de RECONHECER, SENTIR e AGIR EM CONFRONTO com seus conflitos em diversos aspectos da vida. É esse o conceito que tenho pensado ao longo dos anos e venho lhe apresentar.

Dessa forma, como resultante desse processo de autoconsciência e de avaliação das situações antecedentes da interpretação de sua história, é possível avaliar as causas, de maneira a se projetar nas relações de forma mais reflexiva.

Consciente de que as ameaças internas, o autoengano, o controle excessivo, a maneira de se esquivar de situações, o sentimento de não ser bom o suficiente, as repetições, entre outros, sejam elas reais ou fantasiosas que, embora cumpram a missão de lhe proteger de algo, muitas vezes o impedem de viver de forma mais autêntica com o outro e prejudicam suas relações. Compreender o motivo que sustenta o indivíduo a legitimar essas percepções é o grande eixo que se descortina a pensar sobre elas.

Compreendendo também que todos nós travamos batalhas internas conosco e cada um tem uma maneira para enfrentá-las, isso certamente o fará pensar em reduzir o seu julgamento e crítica em relação ao que o outro faz ou deixa de fazer, tal como a maneira de pensar, que pode ser diferente da sua; então, conecte-se com ele de forma mais humana e sensível.

É por meio dos relacionamentos que aprendemos mais sobre nós mesmos, entendendo os relacionamentos a partir da noção de efeito "bumerangue", ou seja, aquilo que nos incomoda e nos inquieta em relação aos outros volta para nós como uma oportunidade de melhor refletirmos sobre esses incômodos. Aquilo que nos afeta em relação ao que transmitimos em palavras e comportamentos só nos causa efeito por passar pelo outro e retornar a nós como ouvintes.

Eu gosto muito de uma citação de Satish Kumar que nos faz refletir sobre o quão brilhante é a nossa forma de nos relacionar e sobre o quanto há de aprendizado em nossas relações, seja pelo amor ou pela dor.

> "Ao me separar do outro, eu não consigo reconhecer a mim mesmo. Eu só sou, porque você é, e assim que reconheço no amor ou na dor."
> **(Kumar)**

Muitos sentimentos que nos causam sofrimento, em nossas relações familiares, conjugais e sociais, como eu já disse, estão a princípio encarregados de nos defender, do que nos fazer sofrer algum desconforto, como o medo de

PARTE 4 - JOANA

não ser amado, aceito ou pertencido, por estar associado a alguma memória e afeto.

Sentimentos de insegurança e incertezas provocam a ânsia demasiada da validação externa e outros mecanismos de resistência para sustentar a miopia cotidiana, a forma de perceber as situações se tornam "forjadas", se alteram diante de fatos da vida que armazenamos em nossos registros de memória e estão inundados de emoções que conduzem nossos pensamentos e nossas atitudes.

Veja um exemplo:
Joana precisava acreditar que era o monstro que pintava ser. A manutenção desse comportamento a ligava com as figuras de apego.

Desde muito pequena, o pai dizia que Joana parecia muito com a sua mãe, principalmente quando ela se tornava agressiva, a mãe, que a abandonou, era constantemente comparada a ela pelo pai e familiares nos comportamentos destrutivos, vez ou outra Joana saia de casa e ia morar na casa de alguma amiga, e não se tratando somente dessa relação de abandono, quando Joana tinha apenas dois meses de vida, ela sofreu ao longo de suas experiências, com abusos psicológicos e sexuais, e diversos relacionamentos abusivos que viveu a mantinham no mesmo ciclo de repetição destrutivo.

Inconscientemente, Joana se comportava à revelia de sua própria maneira de ser, aliás não a reconhecia fora de tantas crenças e rótulos que persistiam em sua maneira de se relacionar e, por mais difícil que fosse,

Joana, para satisfazer a fala do pai e assim se manter conectada à verdade dele, se mantinha nessa dinâmica relacional. Mesmo dessa maneira doentia, Joana sentia ainda que conseguia, através desses comportamentos, estar mais próxima, parecer com a mãe de alguma maneira a fazia se sentir pertencida, a algo que a fazia se manter próxima à mãe que a abandonou, diante do abismo que existia pela ruptura do vínculo, devido a sua falta e negligência.

Joana se nutria da culpa constantemente. As agressões e expressões de amor reconhecidas pela via do abuso e agressão eram atualizadas em seus relacionamentos, geralmente se relacionava com pessoas agressivas, que faziam o jogo acontecer de maneira a dar consistência à manutenção das agressões, até que encontrou Rodrigo, a dinâmica da relação com ele, a princípio, não correspondia com o que Joana aprendera sobre sua maneira de amar...

E foi em um mergulho intenso sobre si, através do acesso à psicoterapia que o roteiro passou e ainda passa a ser modificado por Joana.

Fuga, comparação e
o viver no piloto automático

O sentimento de inferioridade ou de baixa autoestima como uma crença produz uma sentença, onde tende a provocar uma busca infindável por satisfação externa. E olha que o mundo está sempre pronto a nos oferecer múltiplas ideias e ideais de satisfação, para que possamos nos sentir em falta, e assim oferece algo que nos parece tamponar nossos vazios.

Muitas pessoas que se mantêm na ânsia de serem aceitas, sob o risco de desaparecerem, anulam-se a ponto de se perderem e de se esvaziarem, extinguindo suas qualidades, suas histórias e autenticidade.

Tais sentimentos provocam um vazio intenso, e ainda podem ser descontados, deslocados na alimentação, na necessidade de perfeição, no álcool, nas drogas, no trabalho e em outros escapismos que sugerem a distração mental e a fuga da realidade sufocante ou que é negligenciada.

Como consequência, surgem frustrações constantes em função de algo que dificilmente irá preencher essa lacuna. Nós nos julgamos e nos medimos, não pela nossa régua, mas sim pela régua de outras pessoas diante de comparações. E o piloto automático de nossas vidas turva a visão, fazendo-nos acreditar na satisfação condicionada a ter em vez de ser. Queremos e desejamos aquilo que não temos e nos falta, e a busca pode se tornar infinita e deslocada para tudo aquilo que temporariamente nos oferece uma sensação de completude.

Esses sentimentos, muitas vezes, decorrem da falta que somente será suprido, eu diria "compreendido" por nós mesmos, e não por algo ou por alguém.

É também comum acreditar que não estamos à altura do que exigem de nós, o que suscita o sentimento de escassez e insegurança.

Utilizamos medidas falsas quando nos comparamos com alguém, o qual é, em regra, irreal, imaginário e obviamente perfeito.

E exatamente pela ideia de perfeição torna-se tentador.

E, ao nos olharmos dessa forma, provavelmente nos frustraremos e não atingiremos essas necessidades atraentes, sedutoras e fantasiosas, que o consumo e a sociedade nos impõem.

O vazio, a comparação e os nossos desejos

É preciso reconhecer parâmetros de perfeição fantasiosos, para que assim eles possam ser reconhecidos e menos idealizados pelas nossas fantasias que criamos sobre o outro e sobre nós mesmos. A angústia é inerente à existência humana, porém viver ancorado em comparações é, sem dúvida, o grande vilão das frustrações cotidianas.

Note que aqui não estamos falando em eliminar completamente esses sentimentos – aliás, isso seria impossível, eles fazem parte da condição humana, e nem sempre a comparação é danosa –, mas sim em nos conscientizarmos em como se sustentam e se embasam em nossas convicções aquilo que acreditamos nos faltar, como quando eu tiver um namorado, assim serei feliz, ou quando entrar na faculdade, ou quando tiver minha própria casa ou quando tiver filho... e por aí vai! À medida que esses condicionamentos se tornam alvos do desejo cego, ou condição para sermos supostamente sujeitos "felizes", certamente nos angustiaremos, pois a busca é continua, só cessa por algum tempo.

Sem a angústia da existência, não há satisfação humana. Logo, se fugirmos do medo, da angústia e dos nossos desejos, escondendo-nos de nós mesmos, empurrando para debaixo do tapete, nos esquivando de lidar com eles, evitaremos tudo que dá sentido à nossa vida.

Portanto, reforço que é preciso ter o mínimo de coragem para o confronto com as nossas angústias, que podem estar associadas aos nossos desejos sem recorrer aos escapismos de consumo. Lidar com os nossos vazios, investigar esses sentimentos, é o primeiro passo para encará-los. Viver esses sentimentos é parte do processo, sem se estagnar neles, não fixando-se de maneira obsessiva, culpabilizando o outro pelo processo, mas sim compreendendo que parte disso cabe a você, e como esse processo, que é singular, implica na sua maneira de enxergar a vida.

> "Coragem é a aptidão para enfrentar a ansiedade que surge na conquista da liberdade."
> **(Rollo May)**

Por medo, devido à ansiedade que isso pode nos causar, corremos de maneira apressada no caminho oposto ao enfrentamento.

Você pode satisfazer todas as suas necessidades externas, tais como visual, corporal e financeira, mas enquanto não tomar entendimento da raiz de suas vulnerabilidades, continuará sobrevivendo a esses sentimentos de forma até dolorosa e superficial, além de continuar deslocando para o externo o que precisa ser encarado e nutrido internamente.

O ato de projetar no externo, na tentativa de ludibriar a si mesmo, lhe dará, temporariamente, uma sensação de tranquilidade e saciedade, contudo essa sensação passará e

PARTE 4 - JOANA

logo se manifestará novamente o impulso para uma repetição, geralmente tóxica, pois hábitos destrutivos normalmente costumam ser repetitivos.

Juntos, podemos compreender, através dessas reflexões, que a autovalidação que proponho apresentar é um movimento que percorre alguns fundamentos para a análise do "eu", das "emoções" e das "ações".

O objetivo é fazer com que você reflita sobre a sua subjetividade, e quem sabe questionar sobre as comparações que vivemos e fazemos, e que muitas vezes nos reduzem a uma visão determinista, provocando o questionamento de nossas capacidades, destituindo aquilo que nos faz únicos.

Essas comparações se articulam de maneira irreal e, devido às fantasias que elas nos provocam, nos cercam de insegurança, trazendo um suposto saber de que a vida do outro talvez seja bem mais interessante que a nossa. Às vezes até é!

Afinal, por que não poderia ser?

Como bem vimos, temos uma necessidade estrutural de sermos amados e aceitos, assim como de pertencimento, e sob o olhar dos outros nos constituímos. Sendo assim, esse outro que nos olha devolve a nós uma percepção daquilo que tentamos a todo custo decifrar.

Quem somos nós para ele?

É a partir desse olhar, direcionado ao outro, que retorna a nós, é que de fato podemos nos enxergar e nos perceber na relação de vínculos e afetos.

Acontece que, ao sinal contrário de aceitação, o que provavelmente irá acontecer em algum momento de nossas vidas, e isso é inevitável, é que muitos de nós tenderá a sentir uma enorme ansiedade, desvalia e desmerecimento.

E a depender da maneira pela qual nos vinculamos aos outros, poderemos responder de diferentes formas ao desagrado à rejeição ou à indiferença ao desamor do outro. Onde se complica é que comumente nos colocamos mais em criticar o objeto de nosso desamor (na pele da pessoa), em vez de questionar o que nos provoca esses comportamentos do outro, e como esse comportamento "faz-nos sentir".

É possível aprender a lidar com a angústia, a incompletude e a comparação, mas é preciso assumir esses sentimentos com apropriação.

Muitas pessoas não têm ideia do que sentem, a dificuldade de nomear dificulta a compreensão, todavia convivem com a sensação de vazio e buscam preenchê-lo de diferentes formas. E essas sensações provêm de nossos conflitos pessoais, muitas vezes, que podem até fazer com que não busque em si o sentido na vida, a fim de vê-la e perceber como é digna de sua beleza, e nisso se inclui viver e conviver com nossas faltas.

E como encontrar esse sentido?

Entender, com maior clareza, o que você acredita sobre você é a premissa da descoberta, o que se revela diante da relação com o outro, de nossos desejos e medos, é uma enorme contribuição para olhar dentro de si e indagar-se sobre o que pulsa suas motivações e aspirações na vida.

E quanto à essa direção?

Por que ela é tão importante para você?

PARTE 4 - JOANA

Somente enfrentando com coragem suas vulnerabilidades é que você se fortalecerá, a ponto de encontrar a si mesmo.

Quero também explicitar a valorização da vida, a sua finitude, o que fazemos da nossa existência e o quanto uma vida com mais sentido proporcionará, o que muitos chamam de paz interior, mas de qualquer maneira essa estrada, com seu rumo, só poderá ser percorrida até que você seja quem é... sendo você mesmo!

Não permita que a visão do outro seja tão determinista e reducionista, a ponto de definir quem você é.

Cada indivíduo guarda em si a sua história, e é justamente isso que o torna autêntico. Sua subjetividade, sua essência, sua história de vida, sua experiência pessoal, potencial, sonhos e valores fazem parte de um aglomerado de vivências, pensamentos, sentimentos, emoções e atitudes que expressam sua individualidade, sua identidade e a maneira como você se comporta, fala, escuta e interpreta.

A sua forma única de sorrir, de brincar, de dançar, de gesticular, o tom da sua voz, sua expressão facial corporal, sua maneira de se movimentar, seu toque, seu cheiro, são marcas únicas da sua individualidade.

Ninguém pode tirar isso de você, exceto você mesmo. Seu jeito de ser é que faz de você um ser único, ou seja, em 7, 6 bilhões de pessoas, somente você é dono de seu DNA, da sua história, e da maneira que a conta.

Não há ninguém igual a você! Seus valores se expressam em atitudes diárias, que norteiam a importância que você atribui ao que rege sua vida; é neles que se concentram suas decisões, são esses valores que determinam suas escolhas diárias e relacionais.

Olhe para si, reconheça suas virtudes, não seja tão exigente com você, não queira ser alguém perfeito, ou outro que não seja você! Não se compare com pessoas cujas histórias não são as suas.

Muitas vezes, esse olhar para fora acaba arranhando aquilo que valida você, inibindo a sua singularidade, a sua subjetividade. Não só se baseie em histórias difíceis ou traumáticas do passado, revisite sim sua história, mas não deixe de escrever a cada dia um novo capítulo.

O sentimento de rejeição e a busca por ressignificação

Você já se sentiu diminuído diante de algumas situações, a ponto de se enxergar incapaz, impotente, e se colocando em situações com esse sentimento de "menos-valia", em virtude da baixa autoestima?

Já parou para pensar que nossas fragilidades deflagradas pelo olhar do outro nos atropelam e nos fazem sentir, por vezes, não pertencidos, reconhecidos ou aceitos à medida que esperamos, uma vez que nos constituímos por esse olhar?

Como manifestação, por não nos sentirmos por vezes à altura, podemos nos expressar com crítica demasiada em relação à pessoa que expõe nossa fragilidade. Às vezes, a crítica é projetada através de preconceitos, sarcasmo, sentimentos de grandiosidade frente à pessoa, acompanhada de arrogância para que a imagem criada por nós se torne inabalável aos olhos do outro, como uma tentativa de não deflagrar as vulnerabilidades daquele que ataca.

E ainda, diante do desconforto, a saída urgente para não lidar com aquilo que nos machuca é projetar a raiva, nos mantendo no protesto e na reivindicação de nosso lugar no mundo, ou naquele mundo onde queremos pertencer perfeitos ao olhar do outro?

E por expor nosso narcisismo, mantemo-nos fixados ao olhar para fora, para não lidar com nossa própria fragilidade. Cabe aqui reforçar sobre a persona que criamos sobre nós, e compreender o que descortina esses sentimentos. Quem sabe fortalecê-la, para que se torne menos suscetível a acreditar que qualquer outro está para ameaças, quanto está também para sua própria satisfação egóica.

Você já validou em si, reconhecendo, sentindo e agindo, pelos sentimentos de inferioridade decorrentes da percepção que outros têm a seu respeito?

Talvez isso já o tenha feito atrair relacionamentos abusivos e aceitar situações destrutivas que minam o seu amor-próprio.

Além de enredá-lo em uma crença de que deva aceitar migalhas de atenção e de afeto ou tolerar controle excessivo, vestido de ciúmes e de violência psicológica, com uma falsa sensação de pertencimento.

Esses comportamentos destrutivos não expressam amor nem preocupação.

Não se engane! Há muitas pessoas que confundem tais comportamentos nocivos em uma relação, os quais causam dependência e cegueira emocional, com altos custos psicológicos para aquele que é alvo desse abuso.

Isso pode acontecer em qualquer relacionamento: amizades, relacionamentos conjugais, na família, nas relações profissionais e sociais.

Como já vimos anteriormente, todos nós passamos por experiências desconfortantes e dolorosas na vida.

PARTE 4 - JOANA

Tais experiências nos mostram o quão difícil é lidar com esses sentimentos de impotência e incerteza, frente a uma frustração, mas o que aniquila é permanecer nela E como reagimos a ela.

> "Você não pode impedir que os pássaros da tristeza voem sobre sua cabeça, mas pode, sim, impedir que façam um ninho em seu cabelo."
> **(Provérbio Chinês)**

Muitas pessoas revelam baixa tolerância à frustração, acreditam que os seus desejos precisam ser correspondidos na medida de suas expectativas.

E quando essa correspondência exata não se configura, veem-se menos dignas de merecimento e de aceitação e suscetíveis a permanecer inundadas em suas vulnerabilidades e emoções, tais como a raiva, a tristeza, o orgulho e a culpa, entre outras, e isso quando essas emoções não se tornam sintomas, como ansiedade e depressão.

Há também aqueles que, na tentativa de manter o suposto objeto amado em sua fantasia, ou seja, a pessoa amada em sua suposta perfeição, o mantêm idealizado e se depreciam, deixando as mesmas estruturas de repetição em relacionamentos seguintes, permanecendo na mesma dinâmica.

Não se percebem valorados, tendem a se atacar e se culpabilizar para não viver os sentimentos reais com o outro, como raiva ou frustração e, por consequência, se mantêm no sentimento de vitimização, para não oferecer ao outro sua própria hostilidade.

Por vezes, esse sentimento que o indivíduo tende a evitar se trata de um registro recalcado, utilizado como mecanismo de defesa, porém pode se revelar mais tarde na forma de uma ansiedade neurótica: neste estado, o medo de viver essas emoções "escapa" de seu controle.

Assim, para que não "escape" esse sentimento, a pessoa se mantém em um roteiro de uma experiência anterior, onde supostamente foi internalizada a ausência de espaço para viver esses sentimentos, ou então pela impossibilidade ou ameaça emocional de uma situação anterior, na qual esses sentimentos foram negligenciados.

Ressignificação

Lidar com rejeição, geralmente, é muito difícil, pois sugere revisitar a dor, trazer para a consciência a causa e a noção sentida, com o objetivo de ressignificar, viver, elaborar o acontecimento e extrair dele aprendizado.

Ressignificar implica mergulhar fundo em si mesmo, nas experiências, buscar fragmentos perdidos de você em sua história, dar um novo sentido, sentir o afeto que está relacionado a elas, e quem sabe assim diminuindo o efeito que ela exerce sobre você, para que os sentimentos dessa experiência não afetem o seu presente de forma negativa e não prejudiquem seu futuro.

Cada um à sua maneira enfrenta ou se protege, fugindo desses desconfortos.

Isso depende dos recursos emocionais de que dispõe. A psicoterapia favorece o fortalecimento de seus recursos internos, para lidar e enfrentar os sofrimentos advindos da ampliação da consciência sobre seus comportamentos.

PARTE 4 - JOANA

Muitos revisitam o passado, acessam os acontecimentos, elaboram e são capazes de reconfigurar suas visões de mundo e de relacionamentos por meio do processamento e da ressignificação.

Abra as janelas do seu interior e deixe o sol brilhar! Você verá o quão grandioso é poder apresentar-se novamente a você mesmo.

E cabe ressaltar que toda a poesia imbuída nessa frase não está sujeita a invalidar o sofrimento, mas para além dele perceber os detalhes da beleza da vida, que acontece em pequenos detalhes e momentos de alegria.

Nosso próximo passo é compreender a validação nos relacionamentos e na vida conjugal.

PARTE 5
ROGÉRIO E MELISSA

Rogério e Melissa, 52 e 44 anos – coisinhas de todo casal.
Sexta-feira, 18:00

Rogério me procura para terapia de casais e relata ao telefone a solicitação da esposa para que ele procure a terapia, e assim ambos pretendem depositar a última ficha para evitar uma separação conjugal.

Recebo Rogério e Melissa no meu consultório na tarde de segunda-feira.

Melissa entra, sorri cordialmente e se senta no sofá. Rogério senta-se ao seu lado, colocando a mão em sua perna. Melissa cruza as pernas e os braços.

Pergunto para o casal o motivo de buscar a terapia de casais. Os dois se olham. Melissa pede que Rogério comece a falar.

— Olha, estamos aqui porque estamos com dificuldades na relação. Temos algumas brigas iguais todo casal, o que acho que é normal, não é?

Melissa arregala os olhos, olhando diretamente para mim e não para o marido.

Eu a olho e a convido a falar.

Ela descruza os braços, apoia sobre o sofá e contesta.

— Bem, eu não acho nada comum brigas no relacionamento, acho que de vez em quando acontecer desentendimentos é natural, sim, na relação, mas não consigo pensar nas brigas como algo que devemos nos acostumar.

— Mas eu não estou dizendo que devemos nos acostumar – intervém Rogerio – por isso estamos aqui.

— Sim, o que quero dizer é que brigas como estamos tendo não acho nada comum – olhando para o marido em tom repreendedor.

Ele continua.

— Para mim, acontece com qualquer casal, em qualquer relação...

Ela o interrompe.

— O que acontece é que ultimamente só nos resta a briga, a relação eu não estou enxergando faz um tempo já.

— Então, o problema é que você generaliza tudo, Melissa.

— Se tem briga é porque existe também uma relação, não é, doutora?

— Se existe um relacionamento, pode haver sim grandes possibilidades de desentendimento e chegar às brigas e discussões, mas não necessariamente porque existe a briga, a relação existe, e essa é uma diferença importante que teremos que compreender juntos.

Eu os pergunto:

— O que vocês estão buscando enquanto relação?

— Eu quero me acertar com ela, mas está muito difícil o diálogo sem brigar. Nós temos uma família, eu a amo e quero muito que nossa relação dê certo, eu quando me casei sempre tive comigo que só me casaria uma vez, e quero que dê certo a nossa relação, que a gente possa voltar a se entender, se respeitar.

— E você, Melissa?

— Eu estou cansada. Escuto isso há anos.

PARTE 5 - ROGÉRIO E MELISSA

— Cansada, Melissa?

Sim, cansada. Cansada, mas quero tentar, por isso estou aqui.

— E o que você está buscando aqui, Melissa?

— A questão, doutora, a chamo de doutora ou Tatiane?

— De Tatiane.

— Eu quero poder dialogar, ser escutada.

Ela continua.

— Então, a questão, Tatiane, é que no discurso do Rogério sempre está tudo bem, sempre é uma fase, é só um desentendimento, e isso já dura anos. É um disco arranhado que vamos nos acertar, mas, no dia a dia, as coisas não são bem assim, nada muda.

Melissa parece cantarolar sua fala de forma satírica.

Rogério intervém.

— Mas eu acredito mesmo que a gente sempre vai se acertar, antes a gente não se dava bem? Então, por que a gente se casou? Não disse que ela generaliza tudo! Qualquer briguinha agora para ela é motivo de separação, não foi sempre assim, eu acho mesmo que vai passar. E eu que estou errado?

Ela continua.

— Então, é "esse vai passar" que me cansa, porque as coisas se repetem, e ainda hoje, como acreditar que vai passar depois de acreditar tanto nisso e nada acontecer? Como, se a gente mal consegue conversar?

— A gente conversa, sim, Melissa, é que se for dar atenção para cada coisinha, vamos viver brigando mesmo.

— Coisinha... Rogério, é isso? Por que as coisas que me chateiam são sempre coisinhas?

— Não foi isso que eu quis dizer, está vendo só, eu não posso falar nada!

Ele se volta para mim e continua.

— Sabe, Tatiane, é que às vezes eu acho que a Melissa dá muita atenção para coisas pequenas, que não valem a pena a gente se desgastar tanto, mas ela não entende isso, não estou a desmerecendo, só não quero ficar brigando à toa por coisas pequenas.

— E o que são essas coisas pequenas?

— São coisas do dia a dia, ontem, por exemplo, brigamos porque cheguei 30 minutos depois do que tínhamos combinado, ela sabe que às vezes chega cliente à empresa e me atraso mesmo, e atrasei porque eu estava trabalhando, não estava no bar, mas quando entrei em casa, ela nem deixou eu me explicar, foi logo dizendo que eu não a respeitava, que nunca cumpro o combinado, como se eu tivesse culpa.

— Afe! – expressa-se Melissa, em desacordo com o marido.

— Estou mentindo?

— Não está, mas só esqueceu de falar que isso sempre acontece, e por sempre acontecer, todos os meus compromissos são anulados, pois enquanto ele não chega eu não posso sair, porque ninguém pode ficar com a Giulinha, e que sempre fico em último plano, sempre tem um cliente em potencial ou qualquer coisa que preciso engolir "goela abaixo".

— Não é isso, amor, já disse, é meu trabalho, e já melhorou bastante, você sabe como me esforço sempre para nada faltar para vocês.

PARTE 5 - ROGÉRIO E MELISSA

Melissa cruza os braços novamente e silencia.

— Essa dificuldade que vocês estão tendo começou quando?

— Eu acho que depois que a Giulinha nasceu complicou mais, a nossa relação mudou – diz ela.

— O que mudou na relação de vocês?

Ela continua.

— Eu mudei, meu corpo mudou, meu tempo de cuidado comigo, as responsabilidades caíram de uma maneira muito forte em mim, e a nossa relação também mudou.

Ela continua.

— Antes eu trabalhava, tinha uma vida mais independente, a gente saía junto, tínhamos uma vida a dois, íamos ao cinema, bares, saíamos para jantar fora, viajávamos com os amigos, nós tínhamos tempo de viver mais juntos, e sinto que aos poucos a nossa relação foi sentindo o peso da mudança e foi nos separando.

Ele complementa.

— É, antes era diferente mesmo, mas a gente ainda sai com os amigos, que também têm filhos, nos reunimos com as mesmas pessoas, a vida de todo mundo mudou, não tem como continuar igual.

Ela continua.

— E tem outra coisa. O Rogério me incentivou a parar de trabalhar, o que foi ótimo, pois assim pude acompanhar melhor o crescimento dela e foi maravilhoso, mas sinto falta, às vezes, da minha vida de independência, embora não me falte nada, mas com todas essas mudanças, sinto que perdi a autonomia, como ter que me responsabilizar unicamente pelos cuidados da Giulinha, sinto culpa também por sentir isso, mas essa é a verdade.

Rogério coloca a mão no ombro da mulher e fala de maneira amorosa.

— Eu disse para a "Mel" que ela não precisa voltar a trabalhar, mas se ela quiser, eu posso apoiar, colocamos uma babá, mas se fizermos as contas, não compensa pelo que ela vai ganhar e pelo que gastaremos com babá ou escolinha, mas ela que decide.

Eu continuo olhando para o casal.

— É horrível, porque esta conversa sempre termina em briga! – diz Melissa, e continua.

— Eu amo a nossa filha, amo a nossa família unida, mas ele não entende que tenho outros interesses que não são somente ser mãe.

Rogério intervém.

— Claro que eu entendo e ajudo como posso, já disse que a apoio, coloquei uma pessoa para ajudar em casa, para cuidar da neném enquanto a Melissa vai para a academia, pois sei que ela está com a autoestima baixa.

— Você sabe que não é esse o problema! – diz Melissa.

Eu pergunto:

— E qual é o problema, então? Estamos dialogando sobre os conflitos da relação de vocês, certo?

— Eu sempre apoio, dou soluções, mas para ela nunca satisfaz, está sempre procurando alguma coisa para reclamar, nunca está bom.

— Não é isso! Ele quer que eu fique feliz com as decisões dele! Eu não sou assim! E ele não entende isso! Esse

PARTE 5 - ROGÉRIO E MELISSA

otimismo dele me irrita! Para o Rogério, tudo bem, ela vai crescer, logo essa fase vai passar, temos uma casa boa, uma família boa, a empresa está bem, na medida do possível a gente se ama e está tudo certo... para ele.

Rogério intervém, intrigado.

— Não é isso! Não é por mim, mas por nós, pela nossa família! – diz ele.

Ela se vira para ele.

— Mas Rogério, no dia a dia, não é isso. Eu, se reclamo que estou cansada, sou ingrata, porque ele também está cansado e não reclama, temos saúde, casa, comida e geralmente não posso mostrar minha insatisfação, porque daí o problema é comigo e não com a nossa relação.

— Eu estou fazendo terapia, olhando para o que é "meu" e a psicóloga recomendou a terapia de casais, porque tem coisas que dizem respeito à nossa relação.

— E o que você acha disso, Rogério?

— Então, Tatiane, não é que eu não aceito a insatisfação, é que eu nunca gostei de reclamação, eu conquistei as coisas e não foi fácil para mim, e tenho uma outra realidade de vida, que não sou de ficar reclamando, mas eu acredito que a "Mel" está cansada e a gente pode melhorar a nossa relação.

— Continue, Rogério.

— Eu apoio mesmo ela fazer terapia, porque achei Melissa muito triste e irritada nesses últimos tempos, não sei, fiquei preocupado com ela, parecia ter sintomas de depressão.

Ele continua.

VALIDA-TE

— Só que às vezes não tem conversa, porque ela já começa a gritar e eu já saio de perto, eu não gosto de brigar, de cabeça quente a gente não vai resolver nada.

— Mas quando vocês não estão de cabeça quente, vocês conversam?

— Conversamos, claro – afirma Rogério.

E Melissa continua no mesmo tom, de forma satírica.

— Sim, sobre o mercado, sobre a artrite da mãe dele, sobre o médico da Giu, a escola, a loja.

— Poxa, como você é injusta!

— Não é bem assim, Rogério?

— Não, Melissa.

— Qual foi nossa última conversa, Rogério?

— Você está vendo, Tatiane, por que não dá para conversar?

— Tudo vira ataque.

— Vocês conversam sobre outras coisas que não sejam essas?

— Claro que sim.

Melissa vira os olhos e cruza os braços novamente.

— Você disse que acha que Melissa está cansada, Rogério. Queria que você falasse sobre isso.

— Sim, eu mesmo percebi que ela não estava bem, não é amor?

Melissa responde.

— Sim, mas eu queria que você também fizesse terapia individual.

— Seria bom mesmo, mas estamos aqui agora.

PARTE 5 - ROGÉRIO E MELISSA

— Amor, quantas vezes falei isso para você? Que você precisava de terapia, que seria bom ter alguém para poder conversar, não foi? – indagou Rogério.

— Percebe por que eu estou cansada, Tatiane? Por alguém que fala por mim e não pergunta o porquê de estar cansada, por alguém que pensa por mim, mas não pergunta como estou me sentindo, é claro que estou também cansada disso tudo que ele fala, mas se eu descansar, isso passa. O que estou cansada é de não ser vista, de ter alguém o tempo todo decidindo por mim, de encharcar meu travesseiro à noite, sentindo-me culpada por tudo isso.

E Melissa se emociona.

— E o que significa ser vista para você, Melissa?

Com a voz embargada, ela continua.

— É poder reclamar sem dizer que sou ingrata. É ser escutada sem ter que pagar para alguém me escutar, ou porque eu não quero me sentir mal por não querer ser uma dondoca que fica em casa, mas querer trabalhar para ser alguém além de mãe, poder ter minhas próprias amigas, me arrumar, não só falar sobre o preço de fraldas.

Ela prossegue.

— É poder querer alguma coisa por mim mesma, sem ter que ganhar a bolsa mais cara da loja e ser obrigada a gostar, para não ofender Rogério.

Seu desabafo se estende.

— É poder falar o que penso e sinto, sem ser insensível e "emocionada" demais, e com medo de virar mais uma das minhas "coisinhas". É poder ser além de mãe, mulher; esposa para meu marido. Poder viver a minha sexualidade, não ser um poço de vontade de todos, em que vão dia a dia retirar algo e ao final do dia não sobra nada. É não saber mais quem você é. Porque você é mais dos outros do que de si mesma.

E Melissa pega o lenço de papel na cesta.

— Calma, amorzinho – diz Rogério.

— Eu estou calma! Este não é o espaço de falar o que sente, Rogério? Ou eu estou no lugar errado? Pela primeira vez que eu estou conseguindo falar e tirar este nó da minha garganta.

— Rogério, o que você acha sobre o que a Melissa acabou de dizer?

— Eu sei que ela é emotiva.

— E o que é ser emotiva?

— Ela se emociona, não estou dizendo que isso é ruim, mas que ela sofre muito. E que eu faço o meu melhor, mas nunca a agrado, essa bolsa que ela falou é verdade, comprei uma edição limitada, dou presentes, porque gosto de vê-la feliz, faço de tudo que posso, tento dar atenção, mas sei que nem sempre consigo.

Melissa se vira para o marido e diz:

— Eu só quero que me veja, me escute.

— Rogério, você considerou fazer a terapia individual também? – eu pergunto.

— Sinceramente, não.

— Penso que seria muito importante, para que possamos olhar para a relação de vocês aqui, e também olhassem um a um para a parte que lhes cabe individualmente como casal.

Temos muito a trabalhar, e hoje gostaria de escutá-los pela primeira vez.

PARTE 5 - ROGÉRIO E MELISSA

— Vocês estão se escutando, o que vocês acham que precisam melhorar na relação de vocês, Melissa?

— Ele não está errado quando diz que generalizo, estou mesmo sem paciência com ele e tentarei ser mais compreensiva.

— Eu estou um pouco surpreso com tantas coisas, hoje, e me sinto culpado por não ter percebido o quanto ela estava sofrendo com tudo.

— E sobre a relação de vocês?

— Eu acho que precisamos de tempo para a gente – diz Melissa – para tentar resgatar ou criar uma nova maneira de relacionar, eu amo o Rogério, mas não posso negar que estou muito machucada.

Eu olho para o Rogério.

— Eu também acho, farei isso por ela.

Continuo olhando para Rogério, ele complementa.

— E, claro, farei isso pela nossa relação.

E, assim, Melissa e Rogério dão continuidade às sessões. Teremos um longo caminho pela frente.

Relacionamento conjugal 1+1 = 3 é construção, é validação!

"Se amar é dar aquilo que não se tem", e no relacionamento amoroso não seria diferente, uma vez que o amor se instaura no campo da falta, dessa maneira é elementar pensarmos que em toda relação direcionamos nossas faltas ao outro na tentativa que esse "outro" possa nos oferecer aquilo que preenche nossas buscas, desejos e fantasias e supre nosso vazio. Isso não quer dizer que não se pode tamponar algumas de nossas faltas, mas não todas! O problema aparece na ideia de que todos os vazios, faltas existentes na nossa condição humana serão supridas em uma relação com o outro, e talvez seja o motivo que leva tantos relacionamentos ao término.

Todos nós construímos em nosso imaginário um ideal de um(a) parceiro(a), através das relações da vinculação e de modelos de amor e funcionamento ao longo de nossas vidas, que são preditores para a construção de relacionamentos futuros.

E todo esse ideal de perfeição que construímos e projetamos em nossos relacionamentos só pode ser sustentado por meio da ilusão e da negação, e diminuição da porção subjetiva, fantasiada, através da ilusão que se faz do parceiro, ou seja, é impossível que no campo da realidade possamos cumprir a nossa própria fantasia, de alguém supostamente perfeito, sem que tornemos o outro incapaz de ser ele mesmo.

Isto é, todas as vezes que exigimos do outro o rigor de atender às nossas fantasias, colocamos esse indivíduo como um sujeito cada vez menos desejante, e mais parecido conosco, o que de certa maneira ao longo do tempo não sustenta nosso desejo, pois o amor está na subjetificação, na diferença com o outro.

Relacionamentos são fontes de aprendizado, de evolução emocional, comportamental e psíquica. Em essência, relacionamentos conjugais construtivos amparam-se na intimidade, na intencionalidade, no plano de permanecer juntos, na cumplicidade, nos objetivos em comum, afinidades, na entrega, na reciprocidade, na admiração, no afeto e no amor-próprio.

A capacidade de amar pressupõe a autopercepção daquilo que você acredita sobre o amor. O amor não pode ser melhor que o amado, se estivermos adoecidos, adoeceremos o amor.

O relacionamento nos faz perceber pertencidos e amparados psiquicamente pelos laços, e nos percebemos pelo olhar do outro.

O amor saudável, se é assim que podemos classificar, exige nada menos que liberdade em sermos quem queremos ser e no discurso da relação, na tentativa de não romper com a nossa singularidade e autenticidade, mas também paralelo a isso pressupõe o compromisso com o outro.

PARTE 5 - ROGÉRIO E MELISSA

No mundo de hoje, percebemos vários tipos de dependência afetiva, os quais se passam por amor, uma grande ilusão da construção do amor, uma casa construída sobre a areia.

Como seres faltosos, o outro passa a ser um reservatório de nossas ilusões infantis, como citado por Bauman (2004), e assim é muito mais comum do que se imagina direcionar ao parceiro suas faltas não atendidas. E na medida que elas não são correspondidas, a casa sobre a areia se despenca.

Amor é um exercício de alteridade, de reconhecimento da existência do outro igualmente faltoso, cujas imperfeições são tão comuns quanto nossas próprias.

Amar significa, essencialmente, doar, lidar com o prazer e desprazer, amor e desamor, e exige maturidade no conceito de si mesmo, da perda da fantasia sobre o outro, para que o amor apareça e se estabeleça. O que mantém uma relação sadia, mesmo diante de conflitos, mudanças ou, até mesmo, a chegada dos filhos, é também o propósito em comum de o casal permanecer junto, é preservar a intimidade do casal e se reinventar na relação, sem dúvida, alinhar os objetivos individuais, conjugais e familiares. Um relacionamento depende essencialmente de um projeto de vida em comum.

Todavia, é importante não se anular e não se perder, além de entender os valores da relação, com a comunicação, o diálogo e a manutenção do desejo na relação. Lidar com a sustentação do desejo é de extrema importância, uma vez que nossas necessidades humanas são contraditórias, pois, por um lado, queremos na relação a segurança, por outro, a novidade, a proteção em contrapartida com a aventura, a confiança que se sustenta em uma relação e o mistério, e como base de estudo de Ester Perel, no centro da sustentação do desejo do casal as necessidades são bastante paradoxais.

Umas das coisas que Ester relata em seu estudo, onde perguntou: quando você se sente mais atraído pelo seu parceiro? E o que para mim fez muito sentido e que sempre me apaixonou foi olhar para meu parceiro e perceber o quanto ele se dedica a algo pelo qual é apaixonado, e o quanto é despertado o apaixonamento a partir dessa distância sadia, e ao mesmo tempo um entrelaçamento entre o mundo dele e o nosso mundo.

A intimidade afetiva também acredito ser o eixo da relação, poder desnudar-se emocionalmente ao parceiro faz parte de uma relação de conversas frutíferas, sem julgamentos, com espaço para diálogos, dos mais difíceis aos mais bem-humorados.

Tenho percebido que muitos casais que entram em uma "rotina destrutiva" caem na crença de que, depois de um tempo de relação, não podem obter satisfação na relação, isso pode acontecer após o término do período de apaixonamento.

O que é bastante compreensível, aliás o amor tem a necessidade de ser reinventado a cada fase!

Mas o que é o amor, afinal, e a paixão?

A paixão pode dar lugar ao amor, porém ela não é uma consequência, mesmo que o amor possa vir após um período de apaixonamento.

PARTE 5 - ROGÉRIO E MELISSA

A paixão sempre está fadada ao fim e a algum tipo de desilusão, pois a própria experiência da paixão, de maneira ilusória, cria o ideal do amor.

E se é ideal, é perfeição, carrega a dificuldade em aceitar as limitações inerente ao outro e a si mesmo. O amor então passa a ser real, enquanto a paixão passa a ser uma ideia de projetar no outro meu ideal e assim ela supostamente preenche e se torna essencial.

Dessa forma, a paixão tanto pode dar lugar ao amor quanto pode se extinguir, aliás, todo fogo precisa de água, ou em outro caso mais disfuncional, pode se tornar um grande sofrimento, onde nesse último o excesso é marcado por uma negação da própria vida em detrimento do amor do outro, e nesse caso patológico geralmente há sofrimento e passividade da conjugação.

Dessa maneira, podemos compreender que o amor está para a realidade tanto quanto a paixão está para a fantasia que criamos sobre o outro.

Diante da rotina, percebo também que muitos casais perdem a relação íntima de afeto, de apreço, de carinho, de diversão, de compartilhamento de interesses a dois.

O amor vivifica na admiração, na confiança, no respeito e na validação de sentimentos. É preciso também que haja o encontro com a perspectiva do outro.

Vejo relações que, por inúmeras razões, rompem-se antes mesmo de se formarem. Percebo, em meus atendimentos, especificamente em terapia de casais, que há a expectativa de que o outro atenda às exigências de uma dependência afetiva.

Muitas relações são iniciadas e acabadas sem antes serem construídas, há um encurtamento no tempo de validação.

Esse tempo é diferente do tempo dos ponteiros, uma vez que sugere estar na relação de corpo e alma presente, compreender as dificuldades da relação e lidar com as crises e dificuldades que possam surgir, que podem ser individuais, da maneira de se relacionar e da dinâmica da relação. A compreensão tem sido precipitada e originado muitas relações líquidas – descartáveis, incapazes de suportar o peso de conflitos, de diferenças culturais – e um distanciamento da comunicação, por razões subjetivas decorrentes de vários desafios da hipermodernidade.

Sem esse espaço para comunicação, as relações esvaem-se diante dos desentendimentos, e muitos casais perdem-se um ao outro.

Diante de mídias sociais e do modelo de vida agitada, vende-se a felicidade a todo custo mediada pela sociedade de consumo, uma cultura do "eu mereço ser feliz" e "tudo que lhe faria feliz nós temos", isso me faz pensar no encurtamento de avaliação dos problemas comuns a uma relação conjugal, e me faz crer que muitas pessoas desejam o que já têm, porém não olham para si, tampouco para suas relações, mas depositam no externo, para o mundo que possa lhes atender com algo pronto ou uma fórmula mágica de satisfação temporária.

Após a chegada dos filhos, é de extrema importância que o casal preserve a sua identidade, que os cônjuges vivam juntos essa nova experiência enriquecedora para a nova família, e não se esqueçam daquilo que, em essência,

PARTE 5 - ROGÉRIO E MELISSA

fez com que um se encantasse pelo outro, percebendo que mudanças são necessárias e permitem novas relações, experiências e conexões.

Refiro-me ao amor construído, companheiro e amoroso no qual se sustenta no percurso da intimidade, e não ao idealizado. O foco na manutenção da relação é preservar e zelar pelo amor, e tudo que está no guarda-chuva desse sentimento. Não falo somente em projetar uma necessidade íntima com o objetivo de que o outro atenda às minhas necessidades e aceite, a qualquer custo, os meus caprichos ou as minhas vulnerabilidades.

Quanto menos esperarmos do outro, que ele nos complete, sem exigir dele uma listinha infindável de necessidades que garantam uma suposta segurança emocional, estaremos mais inteiros no relacionamento e com menos propensão à dependência emocional em relação ao outro. O apego e o controle diminuem a autenticidade da relação.

Essa completude idealizada não existe, nem em nós mesmos, tampouco em uma relação. E como depositar nas relações conjugais a responsabilidade pela nossa felicidade?

Será então que a tão desejada felicidade está na nossa busca pela completude?

Se você entender o que este livro propõe, por meio do conceito da autovalidação, certamente poderá trilhar um novo caminho de questionamentos para o autoconhecimento e melhorar a qualidade em seus relacionamentos.

Assim, entenderá a importância de estar conectado consigo mesmo na presença do outro, e não pelo outro!

PARTE 6
FLORA

Flora 72 anos – as cartas endereçadas a si mesma. Terça-feira, 08:00

— Boa tarde, Flora.
— Oi, Tatiane, cheguei muito cedo?
— Pode entrar!
— Sabe... eu coloquei o despertador no horário da sessão e percebi que coloquei uma hora mais cedo, mas fiquei esperando lá embaixo para não lhe atrapalhar.
— Tudo bem, Flora, não se preocupe.

Flora se acomoda, senta-se sempre no mesmo espaço entre o vão das almofadas do sofá.

Ela começa a falar.

— Neste final de semana, o Beto, meu filho e a Ana, minha nora, foram almoçar em casa com a Victoria, e foi uma alegria ver minha netinha, ela está tão esperta! Isso realmente muda minha semana, sinto estar até mais animada, criança traz vida para qualquer ambiente, não é?!

Ela continua.

— Deixa eu mostrar para você como ela está linda.

Flora tira o celular da bolsa e, com olhos de admiração, busca a foto no celular, e me mostra, estendendo as mãos e virando a tela para que eu veja.

VALIDA-TE

Eu pego o celular e olho a foto, as duas sorrindo com o retrato.

Eu sorrio e entrego a ela o celular.

— O que você gosta nessa foto, Flora?

— Esse sorriso dela.

— Não é só papo de avó! Ela é muito preciosa, é tão carinhosa, Tatiane.

Eu respondo afetivamente com um sorriso, esperando que continue.

— E como foi o almoço?

— O almoço foi bom até eles insistirem de novo na ideia de me levar para morar com eles.

— E como foi dessa vez?

— Do mesmo jeito, mas dessa vez consegui explicar melhor, disse para eles não se preocuparem, que estou bem.

— Permaneço em silêncio, e Flora continua.

— É claro que sinto falta do Jorge, não está fácil superar a morte dele, mas eu quero ficar em casa, viver meu luto sozinha, e viver minha vida no meu canto, o tempo que me resta dela, quero viver bem, por enquanto sem depender de ninguém até onde der. Você acha que sou egoísta?

— Egoísta?

— Às vezes eu acho, mas dessa vez eu agradeci a preocupação deles, e vou manter minha opinião, Tatiane.

— E como eles reagiram?

— Sabe o que me incomoda? Às vezes acho que eles me olham com dó, sabe? Piedade, isso eu não gosto, não.

— E o que tem em você para que eles sintam dó?

"Tento compreender melhor."

PARTE 6 - FLORA

— Como se tivessem com dó de mim! Isso sempre me incomodou, não é só neles agora, mas em qualquer pessoa, sempre fui assim. Eu não quero que ninguém sinta pena de mim. Esse sentimento mais derruba do que ajuda.

— O que derruba, Flora?

— Isso me derruba, mas eu vou superar, vai doer, uma hora vai passar, e é assim a vida.

Ela continua.

— Está difícil passar pelo que estou passando, eu desmoronei ontem, sozinha, ouvindo uma música, a dor é grande, mas já tive muitas perdas na vida, dói, dói muito, mas uma hora vai começar a doer um pouco menos.

— Qual música, Flora?

— A flor e o espinho. "Tire o seu sorriso do caminho. Que eu quero passar com a minha dor." Conhece? Não é do seu tempo.

Flora continua.

— Sabe o que parece? Eu posso estar errada, mas que parece, parece!

Eu permaneço escutando curiosa.

— Às vezes me dá a impressão de que eles estão percebendo que logo eu irei morrer.

— Percebendo?

— Não percebendo! Estão com medo, sei lá!

— Estão percebendo que você irá morrer, com medo de sua morte e lhe olham com piedade? É isso que está dizendo, Flora?

— Eu já morri muitas vezes na vida, morri diante das perdas e já não tenho medo de morrer, sabe, na última sessão que falamos sobre as coisas que eu ainda queria fazer, eu percebi que o que eu quero é viver, Tatiane, mesmo que me custe a dor da perda, escolho viver.

Flora continua se referindo à percepção que tem sobre o filho e a nora.

— Não, claro que não, Tatiane, eles nada vão falar sobre isso, mas para mim parece.

— Parece – repito.

— Às vezes me tratam igual criança, a Ana é um amor, parece até uma filha para mim, mas ela me liga tanto, que não tenho mais nem assunto para conversar com ela.

Risos.

— Acho que eles que deveriam vir para terapia.

— Eles quem?

— A Ana.

— Por que, Flora, a Ana deveria vir para a terapia?

— Para me deixar em paz com minha dor, eu não posso reclamar, porque vai parecer que sou ingrata, mas é que eu ainda tenho que viver e quero viver bem, Tatiane.

Ela continua.

— Não quero ser essa viúva que diz que o mundo acabou porque perdeu o marido, nada contra elas, cada uma com sua maneira de ver a vida. Quero fazer meus bordados, ir para a feira do artesão de domingo, fazer a minha ginástica no clube.

— E você, conhece alguma viúva que perdeu o marido e diz que o mundo acabou, Flora?

— Sim! Minha mãe, depois que meu pai morreu!

Flora fica pensativa.

PARTE 6 - FLORA

— Às vezes, parece que estou errada por querer fazer isso tudo, e me sinto até culpada.

— É... é a música. "Tire o seu sorriso do caminho. Que eu quero passar com a minha dor."

— Sente-se culpada pelo que, Flora?

— Por insistir na minha própria vontade, e desta vez não agradar a eles.

— E assim você se julga ingrata, Flora?

— É – responde ela.

— E o que esse olhar de piedade desperta em você?

— É como se eu fosse incapaz, fosse vítima, tadinha! Ah, eu quero morrer com isso!

— Você se sente assim, vítima?

— Não agora, mas já senti, é claro.

— E o que significa esse querer morrer com isso?

— Sei lá, Tatiane, modo de falar! Quando eles sentem dó de mim? Acho que eles pensam: coitadinha dela!

— Você acha, Flora?

— É... acho.

— Você sente dó de si mesma?

— Não! Acho que não!

Eu aguardo em silêncio.

— Eu estou confusa, Tatiane!

Eu aguardo silenciosamente Flora continuar.

— Às vezes eles só estão preocupados, né, Tatiane?

— Você acha isso?

— Sei lá, do jeito que me ouvi.

Eu pergunto:

— O que isso quer dizer para você, Flora?

— Eu não aceito o cuidado.

Eu questiono:

— Essa preocupação deles faz você se sentir culpada, Flora, por não querer viver a vida que eles querem para você?

— É isso, Tatiane! E tem mais uma coisa! Já deixei tanta coisa de lado, mas não sei se tenho dó de mim, você acha que o que eles falam me afeta por ser verdade?

— O que você acha, Flora?

— Meu Deus! É isso mesmo! Mas eu tenho razão para isso. Se eu choro na frente deles é porque eu não estou bem, porque eu não posso ficar tanto tempo sozinha, porque eu deveria pedir ajuda para as coisas. Ah, minha cabeça até esquenta!

— Tatiane, me dá um café, por favor.

— Claro, Flora.

— Então, eu não quero viver na casa de ninguém, não, eu quero ficar bem na minha casa, estou aprendendo a ficar sozinha, por que isso tem que ser ruim?

— Mas quem disse que tem que ser ruim, Flora?

Ela serve-se com adoçante.

— É difícil, ainda não consegui desmontar as coisas do Jorge, sabe? A Ana já me ofereceu ajuda, mas eu não quero agora.

— Tem alguma coisa de errado não querer fazer isso agora?

— Sabe, só se passaram seis meses, de uma vida de quarenta anos de casamento, Tatiane.

— Como você mesma disse, Flora, cada um tem o seu tempo de elaboração, não se apresse ao tempo de ninguém, respeite seu tempo.

— Isso, Tatiane. Eu estou melhor, e de pouco em pouco, eu vou me acostumando.

PARTE 6 - FLORA

— Sabe, Tatiane, cada vez que falo dele me dói demais, não dói só a partida dele, dói a falta dele nas pequenas coisas, na hora que ele gritava pedindo a toalha e eu brigava porque ele sempre esquecia de pegá-la, e depois de tantos anos largava a toalha embolada no banheiro. Eu ficava louca.

Eu continuo a olhando.

— Dói quando eu faço o bobó de camarão que ele se esbaldava. Dói quando lembro que dia de domingo era o dia de assistir TV e ele ficava mudando de canal pulando de um para o outro e nunca assistia nada direito.

Risos.

— Eu sinto falta dessas bobeiras do dia a dia, do riso dele, das mesmas piadas. Mas eu estou me sentindo em paz. Mesmo que tenha morrido com ele uma parte de mim, e embora esteja doendo ainda, sinto paz no meu coração, porque não queria que ele sofresse aqui.

Ela continua.

— O que não me deixa em paz, Tatiane, é uma outra coisa, que nunca pude falar para ninguém e que às vezes sinto um aperto, com uma faca no meu coração por voltar a sentir isso em um momento como esse.

— Eu continuo a olhando.

— Fico me perguntando, porque sinto isso agora de novo, meu Deus?

— Você quer falar sobre isso, Flora?

— Tatiane, eu já estou com 72 anos, mas ainda sinto umas coisas aqui dentro de mim, que não me perdoo, é um desassossego.

Eu continuo a olhando.

— Antes de conhecer o Jorge, tive um grande amor na minha vida, um amor mal resolvido que me dói a alma relembrar.

Ela fecha os olhos por alguns segundos, suspira e continua.

— Eu conheci o Elivan na época que lecionava, Tatiane. E eu acho que ele foi, na verdade, meu único e grande amor. Não que eu não tenha amado o Jorge, sabe?

— Hum.

— Eu amei o Jorge, aprendi a amá-lo e ainda o amo, e com ele construí uma família linda.

Os pequenos olhos de Flora brilham neste momento.

— Mas o Elivan, Tatiane... ela faz uma pausa e eu aguardo seu silêncio.

Flora continua.

— Ele deixou uma marca tão dolorosa em mim, eu amei tanto aquele homem e, mexendo nas minhas coisas, encontrei todas as cartas escritas para ele que nunca tive coragem de entregar. Você imagina que guardei a sete chaves isso por tantos anos?

— Flora, me fale mais sobre a história de vocês.

— Então, eu sofri demais, ele era mulherengo, de cortejar muitas mulheres, e eu na época me apaixonei por Elivan, e ele disse que se apaixonou por mim, começamos a namorar e, depois de um ano, ele disse que seria pai, o safado se encontrava comigo e com outra.

Ela continua.

— Aquilo, Tatiane, me desmoronou, eu mandei que nunca mais aparecesse na minha vida, ele disse que iria resolver, que ficaria comigo, que me amava, que foi um deslize.

— Desmoronou, Flora? Sentiu dó de si?

PARTE 6 - FLORA

— Muito!

Flora se emociona.

— Como posso me emocionar por isso, depois de tantos anos, hein? – fala, limpando as lágrimas com o lenço de papel.

— E como foi, Flora?

— Ele foi a maior dor da minha vida, a marca mais intensa que tive, achei que enlouqueceria. Você acredita que nunca esqueci a data de aniversário dele, dia nove de setembro?

— Hum.

— Ele me procurou após um tempo por alguns anos, eu já tinha conhecido o Jorge, o meu filho já tinha nove anos. Nem sei como ele me encontrou, porque eu já tinha mudado de casa, e ele bateu na minha porta.

Sorte que não tinha ninguém e eu olhei pela janela e fiquei ali tremendo, chorando por um bom tempo, não tive coragem de atender.

Depois de um tempo, uns anos, ele foi atrás de mim na escola onde eu dava aula e não teve jeito, eu tremia Tatiane, parecia uma adolescente.

— E como foi?

— Não foi.

— Como assim, Flora?

— Eu disse que não tinha nada para falar com ele, que já tinha uma família e que não podia conversar.

— Hum.

— Ele ainda estava tão bonito, estava mais velho, mas o olhar dele era o mesmo, a voz dele igual e eu voltei por alguns minutos àquela época.

Ela continua.

— Tatiane, sinto até o cheiro do perfume dele, você acredita?

— Sim, acredito, e como foi, Flora?

— Da porta da escola, pedi para que ele nunca mais me procurasse, que minha vida estava feita. E a única coisa que ele disse é que "um dia a gente ainda iria se encontrar".

— E o que aconteceu depois, Flora?

— A imagem no rosto dele ficou colada na minha cabeça, eu questionei meu casamento, nessa época eu deprimi, achei que estava cometendo um erro na minha vida, mas eu não sabia qual era o erro. Por um tempo desejei a morte, e até deprimi.

— Desejou a morte de quem, Flora?

Flora silencia.

— Tenho vergonha de pensar nisso, de falar nisso, mas às vezes vinha um pensamento de que o Jorge um dia morreria, e eu poderia ir atrás dele. Porém, Tatiane, eu amo o meu marido, mas que eu pensava, eu pensava, talvez eu quisesse matar a parte dele que vivia ainda em mim.

Ela continua.

— E quando achei essas cartas, pensei muito em cada momento que escrevi, em cada lágrima que derrubei.

— O que você pensou, Flora?

— E se a vida tivesse tomado outro rumo? Mas vou guardar este segredo comigo, vou levar isso comigo em respeito ao Jorge.

— O que significa guardar isso, Flora?

— Guardar o que eu senti ou sei lá. Será que o amor pode durar tanto tempo assim, Tatiane?

PARTE 6 - FLORA

— O que você acha, Flora?

— Não sei.

Eu pensei em procurá-lo na *internet*, eu só queria ouvir o que ele queria me dizer. O que naquela época eu não quis.

— O que mudaria para você, Flora?

Flora permanece pensativa.

— Tudo e nada.

— Como assim, Flora?

— Será que eu ia sossegar este sentimento, que não foi terminado direito? Nada... porque nessa idade, Tatiane, depois do Jorge, eu não penso em ter outra pessoa, não.

— Não?

— Não, Tatiane.

— Eu queria ter a oportunidade de olhar de novo nos olhos dele, nem sei se ele já morreu, como está a vida dele, se é casado, se é desquitado.

— Hum.

— Tatiane, eu tenho até vergonha de dizer isso. Mas eu sinto culpa, porque eu não o ouvi, mesmo tendo me sentido injustiçada por tudo que ele me fez sofrer. Mas na época eu escolhi sumir da vida dele.

— Hum.

— Se eu tivesse pelo menos brigado, chamado Elivan de cachorro, mas eu não sei o que me deu, eu só queria correr daquele lugar.

O que você gostaria de ter feito?

— Eu não sei. Eu não briguei, não fiz nada, eu sumi. Mandei Elivan sumir da minha vida. Passei uns dias na casa da prima do interior, e pedi para meus pais falarem, caso ele aparecesse, para me deixar em paz.

— E depois, Flora?
— E foi lá que conheci o Jorge. Sabe essa história que um amor cura o outro, Tatiane?
— Não, Flora, como assim?
— O Jorge me ajudou a me curar do Elivan.
— Você acha que viveu o luto dessa relação com Elivan ou que está revivendo agora?
Flora fica pensativa.
— Acho que é diferente, porque eu sinto que fui vítima da situação que ele se meteu e me meteu, nisso tudo, e resolvi deixar para lá. E fui deixando.
— E deixar não foi uma escolha, Flora?
— Foi. A mais difícil da minha vida. Hoje eu me sinto culpada e ressentida por nada ter feito na época, eu perdi o amor da minha vida por três vezes, e por sentir ainda uma coisa estranha no meu coração, sabe, como se fosse uma traição ao Jorge, mas eu o amava.
— Amava quem? – pergunto.
— O Jorge. Ele curou o desamor pelo Elivan! Tatiane, você não imagina o quanto eu me sinto leve de falar sobre isso.
— O que está desmoronando você, Flora?
— Culpa.
— Pelo que, Flora?
— Pelo Jorge, por um dia ter desejado que ele morresse.
Ela continua.
— Por achar no fundo do meu coração que, às vezes, me enganei e enganei o Jorge, mesmo que eu saiba que eu o amei, como pode isso? Que confusão na minha cabeça.

PARTE 6 - FLORA

— Flora, o que tinha nas cartas que você escrevia para ele?
— São tantas... posso trazer, estão até amareladas, mas dizia que eu o amei muito, sofri muito por tudo o que não pudemos viver. Amei a ponto de carregar a dor, para manter algo dele vivo em mim. Amei sentir até a dor que alimentava a memória dele. Amava a dor porque era a única coisa que me fazia sentir Elivan perto.

Ela continua.

— Uma das cartas dizia que eu jamais o perdoaria por jogar meu amor pela janela. Outras escrevia dizendo que lembrava dos olhos dele quando se despedia de mim e que jamais esqueceria aquele último olhar de partida.
— O que significou para você escrever essas cartas ao longo desses anos e guardá-las?
— Não sei, minha filha. Eu queria guardar tudo que não disse para ele, e todos os sonhos que um dia sonhei que queria viver, Tatiane.

E continua.

— Às vezes, eu penso que eu queria era só olhar nos olhos dele, Tatiane, só dizer o quanto eu o amei, por mais que não fôssemos ficar juntos.
— O que mudaria para você, Flora?
— Parece que alguma coisa aqui trancada dentro de mim, abafada, pressionada, iria se desmanchar, não sei se me entende, Tatiane.
— Flora, as cartas escritas por você, e guardadas ao longo desses anos, tiveram seu destino, um destino próprio, uma maneira de viver o luto de uma fantasia, uma história, um amor, e você se encarregou de escrever esses desfechos como

forma de elaboração.

Flora coloca a xícara de café na bandeja ao lado e suspira.

— Acho que estou vivendo duas perdas diferentes. Pensando melhor agora, eu precisei me despedir por anos, por cartas não entregues mesmo, para acreditar que realmente não viveria este amor novamente.

— E isso não é viver o luto de um grande amor, Flora?

— É, e por que eu pensava que não, hein?

— Por que você precisou acreditar que não tinha vivido esse luto do Elivan?

— Autoengano, minha filha, está vendo como não estou tão velha para aprender com você?

Ela sorri.

— É, Tatiane, perdemos muito durante a vida, acabei de perder uma certeza e não sei bem o que estou sentindo. Mas a princípio parece que me sinto leve.

Eu continuo a olhando.

— Tenho aqui uma história linda que eu vivi com Jorge, família linda com todos os problemas que tivemos e vivemos, e tenho outra história linda, que ainda a sinto em mim, porque exatamente eu não vivi. Ela é linda até mesmo pela dor que me causou, segurei a dor para viver um pouquinho pequenos fragmentos de um amor.

Eu intervenho.

— E como estão repletas de fantasias as histórias que não vivemos, não é, Flora?

— Como forjei-me a acreditar e me apegar ao desamor e sustentar a fantasia de um amor? Tive muito medo, medo

"Aqueles que amei, amei e amo realmente para sempre. Portanto, sei intimamente que a polêmica do ceticismo é incorreta. Em segundo lugar, se o 'eu te amo' sempre é, em muitos aspectos, o anúncio do 'eu te amo para sempre' é porque ele de fato fixa o acaso no registro da eternidade.

Não há que ter medo das palavras! A fixação do acaso é um anúncio da eternidade. E, em certo sentido, todo amor declara a si mesmo como eterno. Porque, no fundo, o amor é uma declaração da eternidade que deve se realizar ou se desdobrar da melhor maneira possível no tempo."

(Alain Badiou)

de fraquejar, e fraquejei, enganei a mim mesma.

Eu continuo sustentando o olhar de Flora e todos os sentimentos que não cabiam naquela sala.

— Não sei dizer a você se teria coragem hoje de viver este amor se voltasse no tempo. Só sei dizer que não me falta coragem hoje de viver o que eu quero viver.

— Tatiane, já terminou a sessão, né?

— Sim, Flora.

— Obrigada por me escutar como ninguém pôde um dia fazer.

— Talvez eu precise me despedir da culpa, da autopiedade de acreditar que era preciso viver "presa" a ela. Para poder fazer, então, quem sabe, meus lutos em vida, em paz, e poder viver.

Até semana que vem.

Separação e luto

A separação de um relacionamento geralmente é muito dolorosa e inclui a perda e o luto não somente da relação e do vínculo da pessoa que já traz bastante sofrimento, mas também daquele que o sujeito era naquela relação a dois, da sua identidade na relação com o outro.

Cada amor nos traz um pouco do mundo do outro, universos distintos familiares, jeitos peculiares, linguagens, e por eles também nos constituímos.

O casamento ou uma relação pode ser rompida, mas o vínculo daquele que esteve em sua vida não necessariamente precisa ser descartável. Um rompimento pode ser feito com respeito e lealdade. Os vínculos exercidos durante a relação,

PARTE 6 - FLORA

todas as representações psíquicas e daquilo que viveram, permanecem em memórias e podem ser simbolizadas de maneira diferente, e o amor poderá ser redirecionado de outra maneira, com carinho e respeito. A ruptura, ainda que para muitos seja vista como um fracasso de maneira muito depreciativa, poderá dar espaço para reflexão, ou algo estava em conflito consigo mesmo, com o outro ou com a relação. É comum que as pessoas busquem após o término partes perdidas de si diante da despersonificação da relação e façam um reinvestimento para elaboração, a qual se passará também pelo autoconhecimento. A perda de alguém que amamos provoca um estremecimento em nós e só há uma maneira de compreender a dor, pois ela só perdura pelo investimento que atribuímos ao amor. Como dito por Nasio, "nunca estamos tão mal protegidos contra o sofrimento como quando amamos, nunca estamos tão irremediavelmente infelizes como quando perdemos a pessoa amada ou o seu amor".

O que quero dizer é que você é capaz de ressignificar sua história após decepções, compreendendo suas dores e aprendendo a elaborar e a lidar com o que lhe aconteceu, com aquele relacionamento que permaneceu o período que deveria ou poderia permanecer, independentemente de sua vontade, com a possibilidade de revisitar o quanto você através dele pode se reconstituir também por ele, mesmo diante da dor.

Ao depositar no outro as expectativas ou carências, com o objetivo de conseguir aquilo que se espera, certamente você se frustrará com o resultado, não se responsabilizará pela parte que lhe cabe e se sentirá vítima de situações.

Tais pensamentos nos angustiam. Além disso, não nos confere avaliar, pelo contrário, as atitudes baseadas nesse modelo mental de projetar no outro ou na busca de um "relacionamento perfeito" como fantasia cristalizam nossas percepções, em função do modo como são reproduzidas as nossas atitudes, se acreditarmos nisso, que o outro deve atender a todas as nossas faltas emocionais, até pode atender a algumas, mas nunca atenderá a todas e, se por algum momento nos atender, certamente não nos interessará mais.

Ao idealizar esse outro a rigor do que queremos, certamente iremos projetar um outro de nós mesmos, e isso só seria possível com a anulação da existência dele.

Essa espera do outro como responsável pela "nossa completude, felicidade ou satisfação" provoca um esgotamento psíquico na busca por idealização, e todos os desdobramentos de manifestações ínfimas de afeto serão insuficientes. Paradoxalmente, também dá margens a se tornar uma pessoa mais exigente, tornando-se míope a demonstrações de amor que não sejam aquelas que atendam às suas necessidades, diminuindo qualquer manifestação do outro.

Nesse sentido, qualquer manifestação de amor, de carinho, de atenção será aquém de suas expectativas. Por mais que o outro se esforce, nunca alcançará a sua "régua" para atingir as suas "expectativas" e necessidades emocionais.

E dá-lhe outros para suprir tantas faltas!

Não espere somente a validação externa, valida-te!

A sociedade dá muito valor à aceitação social. Se a pessoa é estimada, isto é, socialmente aceita, acredita-se

PARTE 6 - FLORA

que raramente esteja só. Não ser estimada é visto como um fracasso, porém valorizar em excesso essa dependência afetiva alheia o indivíduo, que acaba por temer que, quando há falta, as pessoas perdem o senso da sua importância.

Verifica-se, portanto, uma ameaça de estar só. Há também aqueles que estão sempre ocupados e rodeados por pessoas, mas como uma tentativa de recalcar a ansiedade.

Tal ativismo revela uma maneira de fugir de si mesmo, como vimos no capítulo "Fuga e comparação". E essa falta de percepção de vivacidade, ao correr de um lugar para o outro, é também uma tentativa de provar a sua importância a si mesmo e aos outros.

É no relacionamento humano que o indivíduo se orienta e se enxerga nas experiências com seus semelhantes. É por meio dos relacionamentos que somos capazes de nos desenvolver psicológica e socialmente.

Mergulhe e se descubra por meio dos seus relacionamentos. Aprenda a se conectar com suas emoções. Olhe para seu interior e, assim, conheça e encontre a sua verdadeira motivação, aquilo que sustenta seus propósitos e seus valores de vida.

Dessa forma, você será mais feliz, pois, quando se validar verdadeiramente, a validação do outro ou validação externa já não será menos importante quanto a de si mesmo.

Desapegar é ser livre

Para falar sobre o tema DESAPEGO, inicio uma breve explicação sobre o APEGO e o diferencio pela natureza da posse e das relações humanas.

O apego pode ser definido como um comportamento biologicamente programado, cujo papel em nossas vidas envolve a ligação com as pessoas, a segurança internalizada, como vínculos disponíveis na relação afetiva, que nos proporciona um sentimento de proteção.

Esses vínculos dizem respeito às pessoas que nomeamos, com as quais tivemos experiências de amor e cuidado desde a fase precoce. Esses modelos internalizados, sendo eles seguros ou não, se estabelecem como guias para nosso funcionamento interno.

Por que ele é importante

Trata-se de uma necessidade básica e vital do ser humano, tendo em vista que nascemos predispostos a nos apegar a um indivíduo, necessitamos dos cuidados como alimentação e todas as necessidades fisiológicas atendidas, mas também nos constituímos como indivíduos para além desses cuidados primordiais e que não são menos importantes que os afetos.

Amor – cuidado e proteção

A propensão para estabelecer laços emocionais íntimos com indivíduos se faz presente desde o nascimento e continua durante a vida adulta. Essas ligações nos servem como referência de segurança para exploração de algo desconhecido ou então como refúgio diante de situações que causem medo, como a angústia, sendo essa angústia a antecipação dos medos e conflitos.

Dessa forma, as bases inseguras nos modelos de vinculação estão sujeitas a repercutir na fase adulta, então, o afastamento de pessoas onde representam afeto, e em virtude da separação, o indivíduo pode vir a sentir o desamparo, por vezes alguns entram em desespero e outros experimentam até a desesperança.

As fases iniciais em nossas vidas, os vínculos primários estabelecidos em que houve segurança como suporte ambiental, são importantes e certamente possuem grande influência para que possamos discriminar a solidão como um afeto onde não se sinta o medo da ruptura e ineficiência, e seja alimentado por nós no decorrer da vida como forma de estar só "consigo" diante da solidão.

Neste capítulo, quero retratar a importância da expressão "desapegar", se tratando de entender que desapegar, no caso, significa deixar de controlar, de querer ter posse sobre alguma coisa ou alguém, para que possamos compreender o sentimento de insegurança e que podemos fazer laços com as pessoas, pois desejamos compartilhar ao lado delas nossas experiências, em antítese a precisar estar com elas sob o olhar de posse para que possamos assim nos sentir mais "completos".

Quanto mais praticamos o desapego como maneira de fixação a coisas e pessoas, maior é o nosso investimento em busca do equilíbrio emocional. Ocorre, porém, que o apego exacerbado é a maior fonte dos sofrimentos humanos. A saber: o apego à forma, à juventude, à beleza, às pessoas, ao dinheiro, à casa, aos bens materiais etc. O apego, em suma, produz o aprisionamento de energia psíquica.

A energia aprisionada é a fonte primária do sofrimento psíquico, que é transmitido ao corpo e que suscita verdadeiras travas que impedem o corpo de funcionar de forma saudável e livre, e que provocam a somatização de enfermidades e a imaturidade do indivíduo.

"O importante é ter sem que o ter te tenha."
(Millôr Fernandes)

Todos nós buscamos ser amados e aceitos. Isso faz parte da condição humana.

Muitos de nós, senão todos, já passamos por alguma experiência negativa na vida.

Solidão e solitude

Em algum momento de nossas vidas, em nossos percursos, experimentamos a solidão, um sentimento natural ao ser humano que, ao contrário do que muitos supõem, não significa viver em isolamento.

VALIDA-TE

A solitude, ou seja, a capacidade para ficar, só está associada à qualidade de sustentação emocional, tal como descobrir e redescobrir no decorrer da vida realizações, desejos próprios e prazeres que não estão prontos a serviço de nos satisfazer, a não ser pelas maneiras que nos dispomos a vivê-las.

Há também muitas pessoas que vivem rodeadas de amigos, familiares e de um convívio social abastado, mas, ainda assim, sentem uma enorme solidão.

Enquanto outras lidam bem e desfrutam dessa experiência, compreendendo o significado de solidão como redescoberta ou como liberdade e solitude, o que certamente seria o caminho para o amadurecimento psíquico, outras atribuem à solidão uma representação de abandono, desamparo e/ou insuficiência, o que as faz sentir dor e entrar em sofrimento. Então, quero chamar atenção para o quanto a separação entre "eu e o outro", em sentir só a sua própria presença, também é um estado de maturidade e autonomia.

Tendo aprendido a maneira de estar com o outro, sem que precise dele para sentir-se bem, amparado, amado ou "completo".

Tal como estar com "o outro" sem que haja o abandono de si mesmo, como anulação de seus pensamentos, valores e maneira de ser e estar no mundo.

Assim, considero importante repensar a solidão, a visão que você atribui a ela e aos sentimentos que intercorrem dela.

Quais emoções são despertadas em você diante do significado de solidão?

PARTE 6 - FLORA

Ser e ser amado

Temos a capacidade estruturante e edificante de nos conectarmos com empatia e com amor, acolhendo e transmitindo o que temos de dádiva de vida, que é a capacidade de amar.

Todos anseiam ser amados, isso faz parte da condição humana, mas muitos vivem um vazio existencial e raramente se sentem preenchidos e nutridos de afeto por não se sentirem amados.

Conforme já vimos, sentimentos que causam angústia, muitas vezes, são deslocados como formas de fugir da dor em condutas autodestrutivas e de diferentes naturezas.

Muitas pessoas perdem suas famílias, perdem a si mesmas, e outras vivem no isolamento, em virtude de consequências e contingências da vida, convivendo com a solidão.

Mas o fato é que todos nós precisamos de amor, de conexão emocional e contato físico. Mas a realidade é que muitos de nós, por diversos motivos, sentimo-nos presos a histórias de vida, traumas, insucessos, e é comum nos retrairmos, isolarmo-nos, na tentativa de pouparmos os "outros" de nosso sofrimento.

Muitas pessoas depreciam-se por esse motivo, e isso não é uma escolha própria. O custo psicológico dessa reclusão e sofrimento costuma ser alto.

São inúmeras as pessoas nessas situações que sofrem em silêncio, sentem-se angustiadas, são invisíveis em suas emoções e nos relacionamentos, mostram-se satisfeitas, mas encharcam seus travesseiros à noite. Essas pessoas estão por todos os lados e, muitas vezes, ao nosso lado, mas mal percebemos, porque muitas sorriem exageradamente, em desespero, mostram felicidade para disfarçar uma tristeza que as aniquila.

Esbarramos com elas até mesmo em nossas casas, desviamos nosso olhar nas ruas, julgamos seu estado emocional, tropeçamos nelas em rodas de amizade e no trabalho.

Enfim, cientes ou não, anestesiamo-nos, por vezes, para não termos que lidar com essas "situações", e muitos de nós têm dificuldades e inabilidades em "enxergar" e suportar a dor do outro.

Encarregamo-nos de nos proteger e de sabotar nosso desenvolvimento emocional e espiritual.

Essas pessoas que sofrem em silêncio quase sempre estão em uma árdua batalha consigo mesmas. São incompreendidas e colocam-se à margem de si mesmas. Saiba que essa dor é dilacerante.

Em épocas de *selfies*, em que somente o ego importa e o restante é "paisagem", chamo a atenção para pequenos gestos, mas que revelam grandes significados na maneira de percebermos o outro. Talvez seja pouco para você, mas vale muito para aquele que recebe um reconhecimento, uma escuta atenciosa e interessada, um sorriso, um abraço genuíno ou um agradecimento. E ainda ouso dizer que essas atitudes até salvam vidas. As pessoas são carentes de escuta, e essa deve ser feita de maneira genuína e respeitosa.

Agora que você já entende melhor o que é validação, valide também o outro, além de si mesmo. Veja que sua assimilação até aqui já lhe permite desenvolver um processo de consciência, de modo a validar os outros também.

PARTE 6 - FLORA

Sugiro a você que escute o próximo com mais cuidado e atenção. Importe-se, faça uma ligação, agradeça, expresse, olhe nos olhos, reconheça, sorria, abrace, escreva uma carta, entregue uma flor, um alimento ou um abraço.

Por que validar-te?
Por que validar-me!

Valide o outro também

Durante o percurso em minha vida, precisei romper com meus próprios ideais, a psicoterapia se descortinou em minha vida de uma maneira que me possibilitou destituir muitas crenças formadas e engendradas ao longo de anos, entre os sabores e dissabores da minha trajetória. Escrever sobre validação, sobre o reconhecimento de quem somos, sobre legitimar as nossas emoções, tem sido um grande exercício de exposição emocional, que revela a vulnerabilidade, mas também a descoberta da coragem, que emergiu ao longo de meu próprio processo terapêutico e do ingresso no mundo da escrita, que me provoca a redescoberta de duas perguntas, que ainda me acompanharão por alguns anos. Quem somos nós? Como nos implicamos na nossa história?

Escrever sobre os casos ficcionais aqui relatados, inaugurar um mundo próprio a cada pessoa em um universo vasto de muitos sentimentos e experiências que passam por todos nós, e criar feições para essas pessoas, tal como dar-lhes um nome, foi um exercício para tornar legítimas as dores que compreendem a grande parte das pessoas que atendo em meu consultório, que se encontram com minhas próprias dores e com tantas outras que já escutei. E lapidar a escuta, e no cuidado não se obscurecer ou tornar banal cada subjetividade, para assim fazer da Psicologia algo acessível, democratizando o saber através do cuidado com o outro, através da psicoterapia e da escrita.

Minha própria busca me propiciou principalmente um encontro íntimo de questionamentos sobre a minha maneira de me ver, pensar, me relacionar comigo e com o outro, e através das experiências da vida é que pude analisar profundamente como fui me constituindo ao longo de grandes travessias, como sofrimento, dor, perdas, desamor, em paralelo ao amor, à apreciação, ao autovalor.

E, assim, acredito que se perfaz toda a caminhada de autoconhecimento sobre nós mesmos. Nossos questionamentos que nos interrogam sobre a maneira autônoma de traçar roteiros prontos, apressados e encurtados. Eu me propus a delongar-me, a demorar-me na descoberta, a me interessar por aquilo que não sei, e esse caminho que escolho perseverar.

Eu me refaço a cada troca afetiva com o outro, na busca pelo entendimento do lugar que ocupamos na vida dele, e ele na nossa – em como nos mantemos presentes de corpo e alma, em como validamos nossos desejos, e nossos sonhos, como um movimento, que nos leva a viver – sem que da vida de outrem nos tornemos fadados a extinguir a nossa própria existência, e a isso possamos dar o nome de autenticidade.

Tenho fascínio pelas relações humanas, pelo mundo interno do outro, por aquilo que aparece e desaparece e permanece, por aquilo que não fazemos ideia e que surge através das palavras, cobertas de significados, histórias,

PARTE 6 - FLORA

marcas, semblantes, sublimações, em todas as formas humanas de realizações e catastrofizações.

"Nós poderíamos ser muito melhores se não quiséssemos ser tão bons." Essa frase de Freud nos leva a abandonar todos os ideais ao longo desta narrativa em busca da perfeição, mas penso que poderíamos refletir a partir da nossa própria aceitação e apropriação de ser quem se é, e isso só se faz sendo... vivendo.

Para olhar o outro, temos que abandonar temporariamente nossa forma corpórea e se "sujeitar" a olhar pelas vias dele, na tentativa, mesmo que frustrada, de compreender o que ele vê e percebe ao seu redor. Frustrada mesmo, porque o olhar ainda será nosso. Mas o exercício é válido!

É possível essa troca de espaços e esse possível e bonito encontro.

Entre com respeito, humanidade, carinho e amor no mundo do outro!

Faça a diferença no mundo de alguém por meio da validação.

Você terá muitas oportunidades de desenvolver essas atitudes e fazer a diferença. E, se você se sentir muito tocado com essa experiência, conte-me depois. Registre o seu sentimento, pois será um prazer mergulhar nessa experiência do seu relato – você pode enviar um e-mail para mim, terei o imenso prazer de ler.

Até breve!

Este livro foi composto pelas tipologias Adobe Garamond
Pro e Airwaves. Impresso pela gráfica Impressul.